utb 4960

Eine Arbeitsgemeinschaft der Verlage

W. Bertelsmann Verlag · Bielefeld
Böhlau Verlag · Wien · Köln · Weimar
Verlag Barbara Budrich · Opladen · Toronto
facultas · Wien
Wilhelm Fink · Paderborn
A. Francke Verlag · Tübingen
Haupt Verlag · Bern
Verlag Julius Klinkhardt · Bad Heilbrunn
Mohr Siebeck · Tübingen
Ernst Reinhardt Verlag · München
Ferdinand Schöningh · Paderborn
Eugen Ulmer Verlag · Stuttgart
UVK Verlagsgesellschaft · Konstanz, mit UVK/Lucius · München
Vandenhoeck & Ruprecht · Göttingen
Waxmann · Münster · New York

Christian Wymann
Franz Neff

Checkliste Schreibprozess
Ihr Weg zum guten Text: Punkt für Punkt

Verlag Barbara Budrich
Opladen & Toronto 2018

Die Autoren:
Dr. Christian Wymann, Mind Your Writing Schreibberatung; Schreibberater an der Universitätsbibliothek Bern
Franz Neff, Lic. phil. I, Schreibberater, schreibcoach.ch

Bibliografische Information der Deutschen Nationalbibliothek
Die Deutsche Nationalbibliothek verzeichnet diese Publikation in der Deutschen Nationalbibliografie; detaillierte bibliografische Daten sind im Internet über http://dnb.d-nb.de abrufbar.

Gedruckt auf säurefreiem und alterungsbeständigem Papier.

Alle Rechte vorbehalten.
© 2018 Verlag Barbara Budrich, Opladen & Toronto
www.budrich-verlag.de

    utb-Bandnr.   **4960**
    utb-ISBN   **978-3-8252-4960-1**

Das Werk einschließlich aller seiner Teile ist urheberrechtlich geschützt. Jede Verwertung außerhalb der engen Grenzen des Urheberrechtsgesetzes ist ohne Zustimmung des Verlages unzulässig und strafbar. Das gilt insbesondere für Vervielfältigungen, Übersetzungen, Mikroverfilmungen und die Einspeicherung und Verarbeitung in elektronischen Systemen.

Online-Angebote oder elektronische Ausgaben sind erhältlich unter www.utb-shop.de.

Lektorat: Ulrike Weingärtner, Gründau – info@textakzente.de
Satz: Judith Henning, Hamburg – www.buchfinken.com
Umschlaggestaltung: Atelier Reichert, Stuttgart
Illustrationen: Franz Neff, Bern
Druck: Friedrich Pustet, Regensburg
Printed in Germany

Inhalt

Einleitung 7

1 Orientieren und vorbereiten..9

2 Schreibend recherchieren und forschen 33

3 Strukturieren grob und fein...51

4 Schreiben und im Schreibfluss bleiben.........................65

5 Überarbeiten und korrigieren..77

6 Feedback erhalten und geben..93

7 Abschließen und abgeben 107

Schluss 121

Literatur...123

Einleitung

Schreiben ist mehr, als nur Wörter auf ein Blatt Papier zu bringen oder in den Computer einzutippen. Schreiben umfasst alle großen und kleinen Tätigkeiten, die dazu führen, dass ein Text entsteht. Schreiben umfasst den gesamten Prozess, beginnend mit einem Schreibauftrag und endend mit der Abgabe oder Publikation des Textes. Dieser Prozess besteht aus unterschiedlichen Phasen, die ihrerseits unterschiedliche Aspekte und Abschnitte umfassen.

Wozu und für wen das Buch gedacht ist

Um effizient und erfolgreich zu schreiben, muss man den Schreibprozess bewusst steuern. Dieses Buch bietet für jede Phase des Schreibprozesses Fragen und Antworten, mit deren Hilfe Schreibende ihren eigenen Weg finden. Es dient als Checkliste, um zu überprüfen, welche Aspekte des wissenschaftlichen Schreibens in welcher Phase berücksichtigt werden sollten. Es hilft Schreibenden, sich bewusst mit den Phasen des Schreibens zu befassen und sich gezielt für den einen oder anderen Weg durch den Prozess zu entscheiden. Das Buch kann aber auch Dozierenden dienen, Studierende bei Schreibprojekten zu unterstützen, indem sie ihnen zeigen, wie sie den Schreibprozess entflechten, die einzelnen Phasen bewusster gestalten und den eigenen Schreibweg finden.

Dieses Buch richtet sich in erster Linie an Schreibende, deren Texte den Anforderungen des wissenschaftlichen Schreibens entsprechen müssen. Das Hauptaugenmerk dieses Buches liegt beim Schreibprozess. Wissenschaftliches Schreiben und Arbeiten werden in diesem Zusammenhang auch angesprochen, aber nicht als umfassende Einführung. Da hilft einer der vielen Ratgeber zu diesen Themen weiter (z.B. Klein 2017; Kruse 2015; Esselborn-Krumbiegel 2010).

Aufbau und Handhabung des Buches

Das Buch umfasst sieben Kapitel, die jeweils einer Phase des Schreibprozesses gewidmet sind. Zu Beginn eines Kapitels finden Sie eine Checkliste mit Fragen, die im Kapitel beantwortet werden. Die Fragen und Antworten sind so verfasst, dass Sie diese nach Ihren Bedürfnissen auswählen können, ohne das ganze Kapitel lesen zu müssen. Bei den Antworten gehen wir nur so weit in die Tiefe, dass Sie die Grundlagen und Zusammenhänge erfassen. Am Ende des Kapitels werden die wichtigsten Punkte nochmals aufgelistet und mit Literaturhinweisen ergänzt, falls Sie sich noch vertieft mit dem Thema auseinandersetzen möchten.

Stehen Sie am Beginn eines Schreibauftrags und wissen nicht, wie Sie den Schreibprozess angehen sollen, beginnen Sie am besten mit dem ersten Kapitel „Orientieren und vorbereiten". Dort zeigen wir Ihnen u.a. unter dem Stichwort „Schreibstrategien", auf welchen Wegen Sie den Schreibprozess durchlaufen können. Abhängig von Ihrer Schreibstrategie gibt es dafür verschiedene Möglichkeiten. Je bewusster Sie „die Reise" planen, umso besser für Sie und den Text. Abhängig von Ihrem Vorgehen können Sie dieses Buch auch anders nutzen, zum Beispiel die Checklisten zu Beginn der Kapitel separat verwenden, um in jeder Phase des Schreibprozesses die grundlegenden Schreibentscheidungen zu treffen (die Listen finden Sie auch im utb-shop.de beim Buchtitel, Zusatzmaterial).

Und noch etwas: Patentrezepte für den Umgang mit Schreibproblemen suchen Sie in diesem Buch vergeblich. Sie werden aber erkennen, wie Sie dank einer nüchternen Situationsanalyse bald wieder schreiben können.

Danksagung

Ein Buch zu schreiben, ist eine Herausforderung, zu zweit ist sie noch größer. Mit der richtigen Mischung aus eigener und gemeinsamer Planung des Schreibprozesses ist uns eine produktive Zusammenarbeit gelungen. Deshalb, ganz egoistisch, danken wir uns zuerst gegenseitig!

Wir bedanken uns aber auch bei allen anderen, die zum Entstehen dieses Buches beigetragen haben, dem Verlag, der uns geholfen hat, eine erste Buchidee reifen zu lassen, unseren Feedback-Gebenden Elisabeth Hillan, Doris Ruhmann, Andrea Klein und Stefan Hugentobler, die uns ihre Zeit und Schreibexpertise geschenkt haben, sowie unserer Lektorin Ulrike Weingärtner, die es mit einer Mischung aus zwei verschiedenen Schreibstilen aufgenommen hat.

1 Orientieren und vorbereiten

Checkliste

1.1 Auftragsanalyse

- ☐ Was sagt das Studienreglement?
- ☐ Welche Vorgaben muss ich für den Schreibauftrag erfüllen?
- ☐ Was, wenn klare Vorgaben fehlen?
- ☐ Für wen schreibe ich?
- ☐ Darf ich Hilfe in Anspruch nehmen?
- ☐ Wie verstehe ich den Auftrag und wie gehe ich damit um?
- ☐ Sind meine Erwartungen an mich selbst mit Blick auf die Vorgaben angemessen?

1.2 Thema und Fragestellung

- ☐ Wie komme ich zu einem geeigneten Thema?
- ☐ Kann ich dazu wissenschaftlich arbeiten?
- ☐ Existiert genügend Literatur zum Thema?
- ☐ Soll ich selbst (empirische) Forschung betreiben?

- ☐ Wie gliedert sich meine eigene Forschung in die Literatur ein?
- ☐ Wie breit oder eng muss das Thema sein, um die Vorgaben zu erfüllen?
- ☐ Wie grenze ich mein Thema ein?
- ☐ Wozu benötige ich eine Fragestellung?
- ☐ Wie muss ich die Frage formulieren, damit sie wissenschaftlich erforschbar ist?
- ☐ Benötige ich eine These oder Hypothese?
- ☐ Wie hängen die Methode und Theorie mit der Fragestellung zusammen?

1.3 Exposé

- ☐ Muss ich ein Exposé schreiben? Und wozu?
- ☐ Wie ist ein Exposé aufgebaut?

1.4 Schreibstrategien

- ☐ Welche Schreibstrategie passt zu mir und der Schreibaufgabe?

1.5 Zeitplan

- ☐ Wie plane ich Zeit für die Arbeit ein?

1.6 Rahmenbedingungen

- ☐ Wo schreibe ich?
- ☐ Was benötige ich zum Schreiben? Was hilft mir dabei?

1.7 Schreiben im Team

- ☐ Wie wähle ich mir passende SchreibpartnerInnen?
- ☐ Wie organisiere ich die Zusammenarbeit mit SchreibpartnerInnen?

☐ Wie plane ich die Zusammenarbeit mit SchreibpartnerInnen?

☐ Wie verhalte ich mich bei Meinungsverschiedenheiten und Problemen?

Einleitung

Denken Sie für einen Moment darüber nach, wie Sie vorgehen, wenn Sie eine Reise planen. Welche Dinge bereiten Sie vor, damit die Reise ein Erlebnis wird? Woran müssen Sie vor Reiseantritt denken?

Sie kaufen sich womöglich einen Reiseführer, schauen im Internet nach, wo Sie übernachten können, welche Sehenswürdigkeiten Sie besuchen wollen, welche Einreisebestimmungen bestehen und wo Sie die Reisepapiere herbekommen. Vielleicht benötigen Sie auch noch Impfungen oder müssen Ihren Pass erneuern lassen. Sie sehen, Sie müssen bereits im Vorfeld einiges organisieren. Und dann geht es ans Packen, bevor Sie sich zum Bahnhof oder Flughafen aufmachen, wo Sie noch schnell Geld wechseln müssen. Wir gehen nicht davon aus, dass Sie sich ohne Reisevorbereitung ins Abenteuer stürzen, nur um bereits am Flughafen zu stranden, weil Sie kein Einreisevisum vorweisen können, oder dass Sie Ihren schlimmsten Urlaub erleben, weil Sie nichts über Land und Leute wissen.

Damit wollen wir Ihnen verdeutlichen, dass das Schreiben eines Textes eine Art Reise darstellt, die es sorgfältig zu planen gilt. Das gilt für jeden Text, den Sie in Angriff nehmen. Denn jede Schreibaufgabe ist anders und erfordert von Ihnen sorgfältige Planung. Dadurch finden Sie sich besser im Schreibprozess zurecht. Stürzen Sie sich also nicht blind ins Schreibabenteuer, sonst wird aus der Reise ein Höllentrip.

1.1 Auftragsanalyse

Bevor Sie sich zu fest ins Thema knien, sollten Sie den Schreibauftrag genauer unter die Lupe nehmen. Nur dann gehen Sie sicher, dass Sie das tun, was von Ihnen verlangt wird. Es wäre schade, dass Sie zwar eine gute Arbeit verfasst haben, die aber am Thema vorbeigeht und nicht akzeptiert wird. Und dies nur, weil Sie die Aufgabenstellung nicht genau analysiert haben.

Was sagt das Studienreglement?

Für Qualifikationsarbeiten wie die Bachelor- und Masterarbeit, aber auch Hausarbeiten finden sich Informationen, Vorgaben und Kriterien oftmals im Studienreglement, speziellen Dokumenten oder Leitfäden. Studieren Sie diese sorgfältig, denn sie könnten grundlegende Informationen zu schriftlichen Arbeiten im Allgemeinen und den Qualifikationsarbeiten im Besonderen enthalten. Sind die gewünschten Informationen nicht verfügbar, fragen Sie Dozierende, Betreuungspersonen oder das Sekretariat.

Welche Vorgaben muss ich für den Schreibauftrag erfüllen?

Ein Schreibauftrag gibt Ihnen im Idealfall Vorgaben zu verschiedenen formalen und inhaltlichen Aspekten des Textes. Solche Aufträge können ganz kurzgehalten oder aber ausführlich über mehrere Seiten beschrieben sein – so ist das auch für Forschende, die publizieren oder Vorträge halten wollen. Mit einem Mangel oder einer Fülle an Vorgaben umgehen zu können, muss geübt werden. Alles, was Sie daraus zum Schreibauftrag entnehmen, hilft Ihnen, den anstehenden Prozess und den Text besser zu planen. Welche Vorgaben Sie auch erhalten, versuchen Sie, sich daran zu halten.

Zu folgenden Aspekten werden häufig Vorgaben gemacht:

- *Thema*: Breite oder nähere Bestimmung des Themas, worüber Sie schreiben sollen. Entweder ist es zu breit gewählt, weshalb Sie selbst eine Eingrenzung vornehmen müssen, oder aber es ist bereits auf eine Frage oder These eingegrenzt.
- *Textsorte*: Welche Textsorte wird von Ihnen verlangt? Es macht einen Unterschied, auch in Verbindung mit den anderen Vorgaben, ob Sie zum Beispiel eine Hausarbeit, ein Protokoll, einen Essay, eine Bachelor- oder Masterarbeit, ei-

nen Forschungsartikel oder eine Buchbesprechung schreiben sollen. Studieren Sie die Eigenschaften einer für Sie neuen Textsorte (z.B. Kruse 2007: Kap. 6).

- *Länge*: Die Länge wird in der Regel in Anzahl der Zeichen, Wörter oder Seiten angegeben. Beachten Sie, was nicht dazugezählt wird (z.B. Tabellen, Anhang).
- *Gestaltung*: Gegebenenfalls erhalten Sie Vorgaben, wie das Layout einer Seite auszusehen hat (Schriftart und -größe, Zeilenabstand, Kopf- und Fußzeilen, Ränder etc.).
- *Struktur*: Entweder Sie haben freie Hand oder Sie erhalten eine klare Vorgabe, welcher Struktur Ihr Text zu folgen hat. Nähere Angaben dazu finden Sie in Kapitel 3.
- *Termine*: Sie erfahren, wann Sie Ihren Text einreichen müssen, allenfalls auch, wann Sie Ihre Themenwahl, Fragestellung u.a. bekanntgeben müssen.

Was, wenn klare Vorgaben fehlen?

Falls Sie bisher noch nie einen so ausführlichen, schriftlichen Schreibauftrag erhalten haben, machen Sie sich keine Sorgen. Es kann sein, dass Ihnen Dozierende in knappen Sätzen im Seminar erläutern, was Sie wann einreichen müssen. Vielleicht werden Sie auch nur auf das Studienreglement oder eine Webseite verwiesen, woraus Sie selbst die nötigen Informationen entnehmen müssen. In diesem Fall – aber auch sonst keine schlechte Idee –, sollten Sie sich die Reglemente und Leitfäden des Studiengangs ansehen. Und ja, für jeden Studiengang, in dem Sie eingeschrieben sind, denn die Vorgaben können sich unterscheiden.

Finden Sie nur spärliche Informationen, sollten Sie eine Frageoffensive starten. Abhängig von der Arbeit, die Sie zu schreiben haben, fragen Sie bei der zuständigen Person oder Stelle nach (Dozierende, Betreuungspersonen, Studienberatung, Sekretariat etc.). Scheuen Sie sich nicht, gezielt Fragen zu den Vorgaben des Schreibauftrags zu stellen, die für Sie nach eingehendem Studium der vorhandenen Informationen noch unklar oder ungenau sind. Die Klärungen sollen Ihnen helfen, Ihre Arbeit effizient und gut erledigen zu können.

Für wen schreibe ich?

Erhalten Sie keine Vorgaben über das Textpublikum, können Sie entweder bei der Betreuungsperson nachfragen oder aber selbst definieren, an wen sich Ihr Text richten soll. Das hängt mit der Textsorte, dem Zweck und dem Kontext zusammen, in dem Sie schreiben. Auch wenn es sich um ein imaginäres Publikum handelt, das Ihren Text nie ansehen wird, zum Beispiel Forschende auf einem bestimmten Gebiet, profitieren Sie davon: Sie können Fragen zur Themeneingrenzung, dem Sprachstil, der Wissensaufbereitung, Begriffsdefinitionen u.a. gezielter klären.

Darf ich Hilfe in Anspruch nehmen?

Falls Ihnen der Schreibauftrag oder das Reglement keine Informationen dazu geben, ob und in welcher Form fremde Hilfe erlaubt ist, fragen Sie nach. Es geht nicht darum, ob Sie jemanden beauftragen, Ihren Text zu schreiben. Das wäre Ghostwriting und ist in jedem Fall wissenschaftlichen Arbeitens verboten. Klären Sie ab, ob und wie man den Text lektorieren lassen darf. Nicht jeder Studiengang oder jede Hochschule erlauben das. Was Sie aber in jedem Fall in Anspruch nehmen dürfen und sollten, ist Peer-Feedback (mehr dazu in Kapitel 6).

Ein Text kann durch ein Lektorat nur gewinnen, sei das stilistisch oder in Sachen Rechtschreibung und Grammatik. Sie entscheiden aber schließlich selbst bei jeder veränderten Textstelle, ob Sie den Änderungsvorschlag übernehmen oder nicht. Sie alleine verantworten den Text.

Wie verstehe ich den Auftrag und wie gehe ich damit um?

Den offiziellen Auftrag und die Vorgaben zu verstehen, ist eine Sache. Eine andere ist es, sich klarzumachen, was der Auftrag bedeutet und wie Sie damit umgehen. Denn Ihre Vorstellungen vom Auftrag können sich durchaus von jenen der Auftraggebenden unterscheiden. Das mag seltsam klingen, haben Sie sich doch eingehend mit dem Schreibauftrag auseinandergesetzt. Die eigenen Vorstellungen, also der innere Auftrag, müssen aber nicht immer mit dem äußeren, offiziellen Auftrag deckungsgleich sein. Vielleicht trifft das nicht auf die Länge oder Struktur des Textes zu, sondern vielmehr auf die Erwartungen an sich selbst.

Sind meine Erwartungen an mich selbst mit Blick auf die Vorgaben angemessen?

Die Vorgaben könnten für eine Hausarbeit und eine Masterarbeit ähnlich klingen, gehen aber mit unterschiedlichen Erwartungen einher. Im Fall der Hausarbeit üben Sie sich im Verfassen einer wissenschaftlichen Arbeit; im Falle der Masterarbeit müssen Sie beweisen, dass Sie es können. Wenn Sie nun bei einer Hausarbeit die Erwartungen haben, die für eine Masterarbeit angemessen wären, überfordern Sie sich. Erwarten Sie hingegen von sich selbst bei der Masterarbeit zu wenig, können Sie ebenso in Schwierigkeiten geraten.

Gehen Sie also auf Nummer sicher und klären Sie für sich, was Sie bei diesem Schreibauftrag machen wollen. Gibt es Unterschiede zwischen dem, was Sie sich vorstellen, und dem Arbeitsauftrag? Möchten Sie das Thema anders angehen, eine andere Theorie oder Methode als vorgegeben behandeln oder würden Sie lieber eine andere Textsorte verfassen?

Anstatt sich selbst neue Vorgaben zu geben oder sich an andere Erwartungen zu klammern, sprechen Sie nochmals mit der Betreuungsperson. Denn Sie wollen nicht Wochen oder Monate mit Forschen und Schreiben verbringen, um dann nach Abgabe erfahren zu müssen, dass Ihre Arbeit wegen Abweichungen vom Auftrag abgelehnt wurde. Suchen Sie das Gespräch frühzeitig, damit es später keine bösen Überraschungen gibt.

1.2 Thema und Fragestellung

Sobald Sie den Auftrag analysiert haben, müssen Sie sich eingehender mit der inhaltlichen Planung befassen. Dabei leisten Sie erste wichtige Vorarbeiten, bevor Sie mit der eigentlichen Arbeit beginnen können.

Wie komme ich zu einem geeigneten Thema?

Abhängig vom Schreibauftrag ist entweder das Thema und vielleicht auch die Fragestellung vorgegeben oder Sie müssen die inhaltliche Ausrichtung Ihrer Arbeit selbst definieren. Beides hat seine Tücken.

Wird Ihnen das Thema vorgegeben, sollten Sie abklären, wie viel Spielraum Sie darin haben. Vielleicht können Sie die Ausrichtung innerhalb des Themas selbst wählen, wie das bei Hausarbeiten der Fall sein kann. Oder das Thema ist bereits so eingegrenzt, dass Sie genau wissen, was Sie zu tun haben. Letzteres kommt in gewissen Fächern vor oder in dem Fall, wenn die Abschlussarbeit Teil eines Forschungsprojekts ist.

Können Sie das Thema selbst bestimmten, klären Sie ab, ob es in Zusammenhang mit einer Veranstaltung stehen muss oder Sie es frei wählen dürfen. In beiden Fällen können Sie Ihren Interessen und Ihrer Neugier nachgehen. Beschäftigen Sie sich nicht freiwillig mit Dingen, die Ihnen Mühe bereiten oder die Sie nicht motivieren, darüber zu forschen. Damit würden Sie sich nur unnötige Steine in den Weg legen.

Kann ich dazu wissenschaftlich arbeiten?

Diese Frage stellt sich insbesondere bei selbst gewählten Themen. Vorgegebene Themen sind in der Regel so definiert, dass sie wissenschaftlich bearbeitet werden können. Während sich grundsätzlich alles wissenschaftlich erforschen lässt, hängt die Erforschbarkeit davon ab, aus welcher Perspektive Sie das tun wollen und unter welchen Bedingungen. Die folgenden Fragen helfen herauszufinden, ob und wie sich ein Thema wissenschaftlich bearbeiten lässt.

Existiert genügend Literatur zum Thema?

Ohne Forschungsliteratur wird es schwierig, ein Thema zu bearbeiten. Wissenschaftlich zu schreiben, heißt nämlich stets, die eigenen Überlegungen und Resultate auf die Forschungsliteratur zu beziehen. Sie benötigen also andere Forschungen in schriftlicher Form, auf denen Sie Ihre Argumente und Diskussionen aufbauen können.

Ein Buch oder zwei Artikel dürften in den meisten Fällen zu wenig sein, um wissenschaftlich über ein Thema schreiben zu können. Wählen Sie das Thema und den Fokus also so, dass Sie über eine ausreichende Auswahl an Texten verfügen. Sie können das mit einer vorläufigen, groben Literaturrecherche überprüfen (vgl. Kap. 2).

Soll ich selbst (empirische) Forschung betreiben?

Zusätzlich zur Sichtung und Auswertung von Forschungsliteratur, müssen Sie klären, ob und in welchem Umfang Sie selbst Forschung betreiben müssen oder wollen. Das bedeutet, dass Sie qualitative oder quantitative Daten erheben, auswerten und angeben, von welchen Quellen diese Daten stammen (z.B. Interviews, Umfragen, Messungen aus Experimenten o.Ä.). Das hängt mit dem Schreibauftrag und Ihrem Thema zusammen und erfordert entsprechende methodische Kenntnisse.

Wie gliedert sich meine eigene Forschung in die Literatur ein?

Diese Frage ist wichtig, weil sie darüber Auskunft gibt, ob Sie sich mit den relevanten Forschungsarbeiten kritisch befasst haben. Schreiben Sie eine Dissertation oder einen anderen Text, der am Ende publiziert wird, ist diese Eingliederung in einen Forschungsdiskurs unabdingbar. Aber auch in Haus-, Bachelor- oder Masterarbeiten machen Sie nichts falsch, wenn Sie sagen, welche Literatur es zu Ihrem Thema und Ihrer Fragestellung gibt. Finden Sie zwar Literatur, können Ihre Arbeit aber dazu nicht in Beziehung setzen, müssen Sie möglicherweise Ihr Thema überdenken.

Wie breit oder eng muss das Thema sein, um die Vorgaben zu erfüllen?

Ein Thema zu wählen, das Sie wissenschaftlich bearbeiten können, mag auf den ersten Blick nicht schwierig sein. Die angemessene „Größe" des Themas zu finden, kann herausfordernd sein. Wie breit oder eng ein Thema gewählt werden muss, kann von den folgenden drei Parametern abhängen:

- *Textumfang*: Für eine Hausarbeit von 15 Seiten wird ein Thema enger und spezifischer definiert sein, als es für eine längere Bachelor- oder Masterarbeit erforderlich ist.
- *Zeit*: Es macht einen Unterschied, ob Sie für eine Arbeit zwei Monate, sechs Monate oder drei Jahre zur Verfügung haben. Je länger Sie Zeit haben, desto vertiefter werden Sie sich mit einem Thema befassen.
- *Zweck*: Der Zweck eines Textes kann Einfluss auf die Breite oder Tiefe des Themas haben. Dies hängt mit der Textsorte zusammen, also ob es sich beispielsweise um eine Literaturübersicht, eine Präsentation von Forschungsergebnissen in Form eines Artikels, eine Buchbesprechung oder einen Essay handelt.

Wie grenze ich mein Thema ein?

Angenommen, Sie erhalten ein Oberthema, dann müssen Sie dieses selbst auf eine der Schreibaufgabe angemessene Größe eingrenzen. Wie tun Sie das? Sie können eine Themenkaskade erstellen, um das Thema in seine relevanten Einzelteile zu zerlegen (in Anlehnung an den Themenbaum von Kruse 2007: 123 ff.; vgl. auch Esselborn-Krumbiegel 2014: 54 ff. zum Themenfächer). Dazu entscheiden Sie, welche

- zeitlichen,
- räumlichen,
- sozialen,
- theoretischen,
- methodischen

oder anderen Dimensionen das Thema ausmachen sollen. Hier ein fiktives Beispiel: Statt eine Hausarbeit zum Thema „Machtkonstellationen in der Schule" zu schreiben, brechen Sie das Thema herunter:

Schule – Macht – Deutschland – 1990er Jahre – Sprachunterricht – Sekundarstufe – Beziehung Lehrer/Schülerinnen – Diskursanalyse nach XYZ.

Sie können für ein und dasselbe Oberthema verschiedene solcher Kaskaden anfertigen, um zu sehen, welche Kombination sich am besten für Ihre Arbeit eignet.

Von der Themenkaskade können Sie eine vorläufige Fragestellung ableiten. Für unser Beispiel hieße das: „Welche Machtkonstellationen herrschten im Sprachunterricht in der Sekundarstufe in Deutschland der 1990er Jahre zwischen Lehrern und Schülerinnen vor?" Ebenso können Sie bereits einen Arbeitstitel formulieren: „Machtkonstellationen im Sprachunterricht in der Sekundarstufe in Deutschland der 1990er Jahre zwischen Lehrern und Schülerinnen. Eine Diskursanalyse nach XYZ". Das klingt doch schon spezifischer und besser umsetzbar für eine Hausarbeit als lediglich „Machtkonstellationen in der Schule".

Wozu benötige ich eine Fragestellung?

Wissenschaftliche Forschung zielt darauf ab, noch Unbekanntes zu ergründen. Dazu werden Fragen gestellt, auf die (vorläufige) Antworten gegeben werden. Jede wissenschaftliche Arbeit verfügt deshalb über eine Fragestellung, die dieser eine klare Ausrichtung gibt. Die Fragestellung hat dabei einen zweifachen Zweck. Sie hilft Ihnen …

- … während des Arbeitsprozesses, den Fokus zu behalten und zu entscheiden, was zur Bearbeitung der Frage relevant ist (Literatur, Methoden, Theorien).
- … beim Beschreiben der Antwort oder der Resultate, denn die Fragestellung bildet die Basis für den berühmten roten Faden, der sich unsichtbar durch Ihren Text zieht. Die Fragestellung bietet sowohl Ihnen als auch Ihren Lesenden einen Fokus (vgl. Kap. 3).

Ob Sie mit einer Fragestellung oder mehreren arbeiten, entscheiden entweder Sie selbst oder der Schreibauftrag. Sie können dazu eine Hauptfragestellung formulieren und passende Teilfragen ableiten.

Wie muss ich die Frage formulieren, damit sie wissenschaftlich erforschbar ist?

In der Forschungsliteratur, die Sie vorbereitend sichten, finden Sie stets eine Fragestellung, die den Text einleitet. In manchen Texten wird sie tatsächlich als Frage formuliert, in anderen muss man sie selbst aus dem Fließtext ableiten, weil sie nicht als solche erkennbar ist. Beim Lesen dieser Texte sehen Sie, wie Fragen in Ihrem Fach gestellt und formuliert werden. Handelt es sich um Fragen, die mit „Wie", „Weshalb", „Inwiefern", „Was" oder anderen Wörtern beginnen? In Texten Ihres Faches sehen Sie ebenso, wie breit oder spezifisch die Fragen ausfallen. Spätestens wenn Sie Ihre Fragestellung mit der Betreuungsperson besprechen, werden Sie erfahren, ob sie dem Fach angemessen formuliert ist.

Benötige ich eine These oder Hypothese?

Ob Sie eine benötigen oder nicht, sollte aus Ihrem Schreibauftrag ersichtlich sein. Im Zweifelsfalle fragen Sie bei der Betreuungsperson nach oder prüfen, was in Ihrem Fach üblich ist. Hier nur ein paar generelle Hinweise.

Wenn Sie Ihre Fragestellung gefunden haben, können Sie daraus eine oder mehrere Thesen oder Hypothesen ableiten (selbstverständlich funktioniert das auch anders herum). Die Fragestellung wird dadurch zu einer Behauptung, die eine Annahme über die Antwort oder das Resultat darstellt.

Eine These stellt eine (kontroverse) Behauptung dar, die Sie mit Ihrem Text untermauern wollen. Zu diesem Zweck führen Sie Argumente, Beweise, Resultate u.a. an. Die These, die Sie in der Einleitung Ihres Textes formulieren, bildet zusammen mit Ihrer Fragestellung das Fundament Ihrer Argumentation. Thesen findet man in der Regel in Texten aus den Geistes- und Sozialwissenschaften, mit denen neue Erkenntnisse präsentiert werden. Um Thesen entfalten sich wissenschaftliche Kontroversen.

Eine Hypothese ist demgegenüber eine Vermutung über einen Zusammenhang oder eine Wirkung, die überprüft werden soll. Diese kann sich im Laufe der Forschung vorläufig als richtig oder falsch erweisen. In der Einleitung wird die Hypothese beschrieben (teilweise anstelle einer Frage). Hypothesen unterscheiden sich von Thesen insofern, als sie zum Beispiel eine „wenn-dann"- oder „je-desto"-Beziehung beschreiben.

Hier ein fiktives Beispiel zum Unterschied zwischen These und Hypothese:

- These: Tiere verfügen über ein Bewusstsein.
- Hypothese: Wenn Tiere über eine Hirngröße von mehr als 10 cm Umfang verfügen, dann besitzen sie ein Bewusstsein.

Wie hängen die Methode und die Theorie mit der Fragestellung zusammen?

Der Zusammenhang mit der Methode oder der Theorie klingt womöglich bereits in der Fragestellung an. Interessieren Sie sich zum Beispiel für einen physikalischen Zusammenhang, benötigen Sie eventuell eine experimentelle Methode, die quantitative Daten produziert. Geht es in einer Befragung um Verbesserungsvorschläge, müssen diese mit einer qualitativen Methode ausgewertet werden. Die Methode muss zur Fragestellung passen.

Ebenso muss die Theorie zur Fragestellung passen. Diese muss in der Art und Weise, wie Sie die Frage formulieren, implizit oder explizit darin enthalten sein. Je nach Begriffswahl, werden Sie auf die eine oder andere Theorie verweisen. Die Theorie bildet die „Brille", mit der Sie die Welt als Forschungsgegenstand betrachten: Gewisse Dinge werden Sie sehen, andere jedoch nicht.

Und zuletzt sollten Methode und Theorie aufeinander abgestimmt sein. Wählen Sie die Methode so, dass sie solche Daten liefert, die von der Theorie „gesehen" werden können. Es macht keinen Sinn, beispielsweise eine quantitative Methode zu verwenden, wenn die Theorie für die Analyse qualitativer Nuancen geschaffen wurde.

1.3 Exposé

Es lohnt sich, die Antworten schriftlich festzuhalten, wenn Sie die obigen Fragen klären. Oftmals tun Sie das ohnehin in Form eines Exposés, das Sie der Betreuungsperson zeigen. Disposition, Plan oder Gliederung sind andere Bezeichnungen für dieselbe Textsorte.

Muss ich ein Exposé schreiben? Und wozu?

Ein Exposé hat einen doppelten Zweck: Einerseits sollen Sie darin Ihr Vorhaben skizzieren, damit Ihre Betreuungsperson mit Ihnen über die Machbarkeit Ihrer Arbeit sprechen kann. Oft wollen Betreuende das Exposé sehen, bevor Sie sich an die Arbeit setzen. Das macht besonders bei größeren oder länger dauernden Arbeiten Sinn. Wurde das Exposé genehmigt, befinden Sie sich auf dem richtigen inhaltlichen, methodischen und theoretischen Weg.

Andererseits hilft Ihnen das Exposé, das angestrebte Ziel während des Schreibprozesses nicht aus den Augen zu verlieren. Es erinnert Sie daran, wofür Sie sich entschieden haben und welche Aspekte Sie weglassen. Selbstverständlich kommt es vor, dass Sie am Ende des Prozesses vom Exposé abweichen, weil sich im Laufe der Zeit herausgestellt hat, dass zum Beispiel die Fragestellung nicht mehr passt. Das ist normal und gehört zum Forschungs- und Schreibprozess. Aber Sie wissen wenigstens, ob und wie Sie vom ursprünglichen Vorhaben abgewichen sind und können das, falls nötig, erklären.

Wie ist ein Exposé aufgebaut?

Idealerweise erfahren Sie durch den Schreibauftrag, wie das geforderte Exposé aussehen soll. Sollte das nicht der Fall sein, scheuen Sie sich nicht, bei der Betreuungsperson nachzufragen, damit Sie Ihnen die Inhalte angibt, die für die Besprechung Ihres Vorhabens notwendig sind.

Was ein Exposé beinhaltet, hängt auch vom Fachgebiet ab. Im Folgenden geben wir Ihnen eine Idee, welche Inhalte in einem Exposé üblicherweise vorkommen (vgl. auch Kruse 2007: 135ff.).

- *(Arbeits-)Titel*: Formulieren Sie einen Titel, der bereits klingend und spezifisch ist. Dass er sich noch ändern könnte, spielt dabei keine Rolle.

- *Ausgangslage oder Problemstellung*: Stellen Sie das Thema allgemein dar. Sie können darauf eingehen, welche Probleme in der Forschung als relevant erachtet werden. Dadurch zeigen Sie nicht nur, dass Sie die Forschungsliteratur zum Thema gesichtet haben oder kennen, sondern auch, wie Sie Ihre eigene Arbeit darin einbetten. Abhängig von den Anforderungen an die Arbeit, müssen Sie hier möglicherweise die Forschungslücke, die Sie füllen wollen, hervorheben.
- *Fragestellung und allenfalls These/Hypothese*: Nach der Einführung ins Thema, stellen Sie Ihren Fokus dar, je nach Anforderung in Form einer Fragestellung (direkt oder indirekt formuliert) und/oder einer These/Hypothese. Dieser Teil sollte nicht nur aus einem Satz bzw. einer Frage bestehen, sondern begründet und erläutert werden.
- *Ziel der Arbeit*: Dies ist mit Ihrer Fragestellung oder These/Hypothese verbunden. Welche Art von Beitrag wollen Sie leisten? Kritisieren Sie zum Beispiel eine gängige These, widerlegen Sie eine Hypothese, erproben Sie eine Methode oder erweitern Sie ein Modell?
- *(Vorläufige) Struktur*: Geben Sie an, wie Ihr Text aufgebaut sein könnte. Das wird Ihnen je nach Schreibstrategie leichter oder schwerer fallen (siehe unten). Es handelt sich lediglich um eine erste Struktur, die Ihrer Betreuungsperson einen besseren Einblick in die Themenaufarbeitung gibt. Gibt es klare Vorgaben zur Struktur, folgen Sie diesen. Falls nicht, orientieren Sie sich zuerst an gängigen Strukturarten in Ihrem Fach. Andernfalls definieren Sie selbst eine Struktur, die Ihnen hilft, Ihr Thema und Ihre Fragestellung angemessen zu präsentieren (vgl. Kap. 3).
- *Vorgehen/Methode*: Definieren Sie hier, welches Vorgehen oder welche Methode Sie zur Erforschung Ihrer Fragestellung wählen. Wie genau Sie diese darstellen, kann vom Fach, den Vorgaben oder dem Thema abhängen.
- *Literatur*: In einem vorläufigen Literaturverzeichnis listen Sie die Quellen auf, die Sie zu verwenden gedenken. Auch

das hilft der Betreuungsperson festzustellen, ob die Literatur ausreicht und passt.

- *Zeitplan*: Falls gefordert, geben Sie an, was Sie wie lange zu tun beabsichtigen. Planen Sie von der Abgabefrist rückwärts und vergessen Sie nicht, Pufferzeit einzuplanen, falls Sie mit einer Phase im Rückstand sind oder Unvorhergesehenes passiert.

1.4 Schreibstrategien

Ein Schreibauftrag erfordert neben inhaltlichen Entscheidungen auch Überlegungen zum Schreibhandwerk. Unabhängig von Ihrer Schreiberfahrung, lohnt es sich, in dieser Phase über die Gestaltung des Schreibprozesses nachzudenken. Obwohl Sie sich in den meisten Fällen zuerst orientieren und vorbereiten, müssen die darauffolgenden Phasen des Schreibprozesses nicht zwingend stets in derselben Reihenfolge durchlaufen werden. Diese Reihenfolge hat mit der gewählten Schreibstrategie zu tun. Je nach Strategie werden Sie die kommenden Phasen auf verschiedenen Wegen, und zwar teilweise mehr als nur einmal, durchlaufen.

Welche Schreibstrategie passt zu mir und der Schreibaufgabe?

Wir stellen Ihnen fünf Schreibstrategien sowie deren Kombinationsmöglichkeiten vor, aber auch potentielle Risiken, die Sie kennen sollten (in Anlehnung an Scheuermann 2016: 52-60; Grieshammer et al. 2013: Kap. 4; für andere Strategienamen und Typen vgl. Kruse 2015: 163).

- *PlanerIn:* Sie planen zuerst den Text und seine Struktur, danach schreiben Sie ihn von Anfang bis Ende. Sie überarbeiten entweder einzelne Kapitel, nachdem Sie sie geschrieben haben, oder überarbeiten den gesamten Text erst am Ende.

    In Kombination mit: Versionen-SchreiberIn, PatchworkerIn, RedakteurIn.

Risiken: Sie planen zu lange, schreiben dann auf den letzten Drücker und haben keine Zeit zum Überarbeiten. Sie klammern sich an die geplante Textstruktur und sind nicht mehr bereit, Änderungen vorzunehmen.

- *Drauflos-SchreiberIn:* Sie schreiben alles nieder, was Sie wissen (oder auch nicht), und kümmern sich erst danach um die Struktur, wenn Sie den Text überarbeiten.

In Kombination mit: Versionen-SchreiberIn, PatchworkerIn. Falls Sie diese Strategie mit der PlanerIn-Strategie kombinieren, da eine Struktur vorgegeben ist, dann schreiben Sie einfach innerhalb eines Kapitels drauflos.

Risiken: Sie schreiben zu lange oder verlieren sich in Nebenthemen, so dass Sie spät zur Struktur und zum Überarbeiten kommen.

- *Versionen-SchreiberIn:* Sie schreiben verschiedene Versionen des gesamten Textes und wählen entweder eine davon aus, um sie zu überarbeiten, oder nehmen die besten Passagen aus den Versionen und fügen diese zu einem Text zusammen. Sie überarbeiten danach alles nochmals.

In Kombination mit: PlanerIn, Drauflos-SchreiberIn.

Risiken: Sie können sich schlecht für eine Version entscheiden. Sie haben das Gefühl, viel Text umsonst geschrieben zu haben.

- *PatchworkerIn:* Sie schreiben nach Lust und Laune an Textteilen, so dass ein Patchwork entsteht. Vielleicht haben Sie bereits eine klare Struktur, dann können Sie zwischen den Kapiteln hin und her springen. Am Ende überarbeiten Sie den Text.

In Kombination mit: PlanerIn, Drauflos-SchreiberIn.

Risiken: Sie verlieren den Überblick und roten Faden, wodurch der Text inkonsistent werden kann. Sie wiederholen sich in verschiedenen Kapiteln. Die Überarbeitung wird aufwändig.

- *RedakteurIn:* Sie schreiben und überarbeiten den Text zur gleichen Zeit. Wenn Sie den Text von Anfang bis Ende so schreiben, ist er bereits fast fertig.

In Kombination mit: PlanerIn, Versionen-SchreiberIn.

Risiken: Sie kommen nur langsam voran oder halten sich zu lange mit der Perfektionierung einer Textstelle auf. Sie verlieren den Überblick, weil Sie sich von Satz zu Satz vorarbeiten. Am Ende des Schreibprozesses fehlen die Zeit oder die Lust, den gesamten Text zu überarbeiten.

1.5 Zeitplan

Anstatt immer dann an Ihrem Text zu arbeiten, wenn Sie gerade Zeit haben, sollten Sie sich vorgängig darüber Gedanken machen, wann Sie schreiben können und wollen. Das macht sowohl während des Semesters, wenn Sie Veranstaltungen besuchen, als auch in den Semesterferien, wenn Sie nebenher Geld verdienen, Sinn. Auch ohne andere Verpflichtungen neben dem Schreiben hilft das Planen der Schreibzeit, einen gleichmäßigen Arbeitsrhythmus zu finden und ein Aufschieben zu vermeiden.

Wie plane ich Zeit für die Arbeit ein?

Legen Sie fest, an welchen Tagen, um welche Zeit und für wie lange Sie an Ihrem Text arbeiten wollen. Dabei spielt es keine Rolle, ob Sie diese Zeit mit tatsächlichem Schreiben oder anderen, ebenso notwendigen Aufgaben verbringen, die Sie für Ihren Text erledigen müssen (Aufgaben aus allen Prozessphasen, die wir in den übrigen Kapiteln beschreiben). Wichtig ist einzig, dass Sie eine klare Vorstellung davon haben, wann Sie am Text arbeiten.

Abhängig von anderen Aufgaben, die anstehen – andere Schreibaufträge, Prüfungen, Referate u.Ä. –, sollten Sie sich auch über eine mittel- oder langfristige Planung Ihres Textes Gedanken machen. Dabei gibt es verschiedene Verfahren, wie Sie vorgehen können: Entweder Sie planen Zeit für jede Teilaufgabe innerhalb des Schreibprozesses, zum Beispiel anhand eines Wochenrasters, oder Sie können eine Anzahl Schreibsitzungen definieren, die Ihnen zur Bearbeitung der jeweiligen Kapitel zur Verfügung stehen.

Egal wie Sie planen, Ihr Ziel sollte sein, den Text in regelmäßigen Sitzungen zu schreiben (für detaillierte Informationen zum Zeitmanagement beim Schreiben siehe Wymann 2015).

1.6 Rahmenbedingungen

Die materiellen und sozialen Rahmenbedingungen des Schreibens sollten Sie nicht unterschätzen. Richten Sie sich das Arbeiten so gut wie möglich ein, damit Sie sich konzentrieren können.

Wo schreibe ich?

Finden Sie frühzeitig heraus, wo Sie wann am besten schreiben können. Es kostet Zeit und Nerven, ständig nach einem neuen Schreibort Ausschau halten zu müssen. Gefällt Ihnen die Stimmung in der Bibliothek, wo alle Anwesenden ebenso am Arbeiten sind wie Sie, dann reservieren Sie sich einen Langzeitarbeitsplatz. Bevorzugen Sie alleine zu sein, richten Sie ein Heimbüro ein. Wenn Sie aber Leute um sich herum benötigen, können Sie auch in einem Café oder an einem anderen, belebten Ort schreiben. Spätestens am Vorabend der nächsten Schreibsitzung sollten Sie wissen, wo Sie schreiben wollen.

Was benötige ich zum Schreiben? Was hilft mir dabei?

Sobald Sie wissen, wo Sie wann schreiben, finden Sie heraus, was Sie alles zum Schreiben benötigen. Sie sollten möglichst gut ausgerüstet an Ihrem Arbeitsplatz sitzen, damit Sie diesen nicht ständig wegen fehlender Dinge verlassen oder umgestalten müssen. Achten Sie darauf, dass an Ihrem Arbeitsplatz nichts herumliegt, das Sie von der Arbeit ablenken könnte – egal ob Sie am liebsten einen aufgeräumten oder einen chaotisch aussehenden Tisch vor sich haben. Besonders wenn Sie unterwegs arbeiten oder sich einen neuen Arbeitsplatz organisiert haben, sollten Sie so ausgerüstet sein, dass Sie nichts vom Arbeiten abhält.

Ebenso entscheidend kann sein, was Sie beim Schreiben unterstützt. Für die einen gehört Musik dazu, während andere Ruhe benötigen. Ob Kaffee, Tee oder Wasser, etwas zu Essen, genügend Licht oder schummerige Stimmung, Weitblick oder eine Wand hinter dem Computer, die schnurrende Katze auf dem Schoß, sorgen Sie dafür, dass Sie sich beim Schreiben wohlfühlen.

1.7 Schreiben im Team

Haben Sie den Auftrag, den Text mit einer anderen Person oder mehreren Personen zu schreiben, sollten Sie sich besonders gut orientieren und vorbereiten, und zwar gemeinsam. Zusätzlich zu den oben genannten Fragen, stellen Sie sich noch folgende Fragen:

Wie wähle ich mir passende SchreibpartnerInnen?

Wenn Sie die Wahl haben, überlegen Sie sich gut, wer für den Schreibauftrag zu Ihnen passt. Dabei spielen mehrere Kriterien eine Rolle:

- *Interesse am Thema*: Suchen Sie sich jemanden, der oder die motiviert ist, sich mit dem vorgegebenen oder selbst definierten Thema vertieft auseinanderzusetzen. Ähnliche methodische und theoretische Interessen machen Ihnen das Leben leichter.
- *Arbeitsweise und Schreibstrategie*: Die Team-Arbeit wird Ihnen leichter fallen, wenn Sie wissen, wie die andere Person vorgeht und welche Schreibstrategie(n) sie bevorzugt. Das beeinflusst die Planung und Umsetzung des Gesamtprozesses. Tauschen Sie sich mit der Person darüber aus und klären Sie mögliche Risiken, die durch unterschiedliche Arbeitsweisen entstehen könnten. Damit beugen Sie bösen Überraschungen vor.
- *Sympathien*: Suchen Sie sich eine Person, mit der Sie problemlos mehrere Stunden am Stück bzw. über Wochen zusammenarbeiten können. Die Kommunikation muss stimmen, auch wenn sich Konflikte nicht ausschließen lassen.

Falls Sie nach Zufallsprinzip mit jemandem für den Schreibauftrag zusammengesetzt werden, können Sie nicht alles einrichten, wie gewünscht. Eine gemeinsame Diskussion der grundlegenden Fragen ist dennoch unerlässlich.

Wie organisiere ich die Zusammenarbeit mit SchreibpartnerInnen?

Gehen Sie die oben beschriebenen Fragen gemeinsam durch und treffen Sie Entscheidungen. Halten Sie diese schriftlich fest, damit Sie sie später nachschauen oder als Diskussionsgrundlage für neue Entscheidungen heranziehen können. Damit die Dokumente, inklusive des entstehenden Texts, allen zugänglich sind, können Sie beispielsweise einen Cloud-Dienst oder eine geeignete Software benutzen.

Wie plane ich die Zusammenarbeit mit SchreibpartnerInnen?

Erstellen Sie mindestens einen groben, gemeinsamen Zeitplan, der Ihnen über folgende Punkte Auskunft gibt:

- *Termine*: Abgabetermin Exposé, Meilensteine (z.B. für bestimmte Schreibprozessphasen oder Kapitel), Abgabefrist
- *Gemeinsame Besprechungs- und Arbeitstermine*: regelmäßig, zu Beginn einer neuen Prozessphase o.Ä.
- *Pufferzeit*: Zeit, in der Sie Unerledigtes oder Aufgeschobenes abarbeiten
- *Freizeiten*: Wann ist wer weg oder hat dann andere Prioritäten (Prüfungen, Abgabe anderer Texte etc.)
- *Zuständigkeiten*: Wer macht was bis wann?

Wie verhalte ich mich bei Meinungsverschiedenheiten und Problemen?

Als Schreibteam haben Sie die Aufgabe, Konflikte und Probleme gemeinsam zu lösen. Bei Meinungsverschiedenheiten helfen Ihnen die gemeinsamen Dokumente, in denen Entscheidungen festgehalten wurden. Setzen Sie sich zusammen und finden Sie eine für alle Beteiligten stimmige Lösung. Bei Problemen einer Person, die Auswirkungen auf die Zusammenarbeit haben (Krankheit, Unfall, andere Tätigkeiten, die mehr Zeit als geplant benötigen), finden Sie einen Weg, dass der Arbeitsprozess dennoch im Fluss bleibt. Das kann heißen, dass die andere Person temporär mehr Arbeit übernimmt, als geplant. Sollten gravierende Meinungsverschiedenheiten oder Probleme entstehen, suchen Sie Hilfe bei der Betreuungsperson. Diese soll entweder im Konflikt vermitteln oder bei der Um-/Neuplanung des Projekts mitdenken.

Zum Vertiefen

Kruse, Otto (2007): Keine Angst vor dem leeren Blatt. Ohne Schreibblockaden durchs Studium. Frankfurt a. M.: Campus Verlag.

Kruse, Otto (2015): Lesen und Schreiben. Der richtige Umgang mit Texten im Studium. Konstanz: UVK Verlagsgesellschaft mbH.

Scheuermann, Ulrike (2016): Schreibdenken. Schreiben als Denk- und Lernwerkzeug nutzen und vermitteln. Opladen/Toronto: Verlag Barbara Budrich.

Hauptpunkte

- Studieren Sie den Schreibauftrag sorgfältig, falls dieser fehlt, beschaffen Sie sich die nötigen Informationen.
- Klären Sie für sich, welche Vorstellungen und Erwartungen Sie vom Auftrag haben.
- Planen Sie Ihren Text bezüglich Thema, Fragestellung, These/Hypothese, Methode, Theorie. Stellen Sie die geplanten Informationen in einem Exposé zusammen, selbst wenn das Exposé nur für Sie selbst gedacht sein sollte.
- Entscheiden Sie sich bewusst für eine Schreibstrategie oder eine Kombination von Strategien. Diese hat Einfluss auf die Abwicklung des Schreibprozesses.
- Planen Sie Ihre Schreibzeiten und den Gesamtprozess. Richten Sie sich bestmöglich zum Arbeiten ein.
- Klären Sie bei einer Teamarbeit sorgfältig ab, mit wem Sie zusammenarbeiten. Zur Planung der Zusammenarbeit gehört auch die Frage, wie Meinungsverschiedenheiten geklärt werden.

2 Schreibend recherchieren und forschen

Checkliste

2.1 Schreiben als Mittel zum Zweck

- ☐ Warum soll ich Recherche und Forschung schriftlich begleiten?
- ☐ Welche Mittel kann ich einsetzen?
- ☐ Worauf muss ich beim begleitenden Schreiben achten?

2.2 Literaturrecherche

- ☐ Wie starte ich die Recherche?
- ☐ Welche Suchstrategie passt zu mir?
- ☐ Wie finde ich Suchbegriffe?
- ☐ Wie vermeide ich, mich bei der Literaturrecherche zu verlieren?

2.3 Lesen und zusammenfassen

- ☐ Wie finde ich den passenden Lesemodus?
- ☐ Wie kann ich große Textmengen bewältigen?

- ☐ Soll ich eine Schnelllese-Technik erlernen?
- ☐ Wozu dienen Zusammenfassungen?
- ☐ Wie fasse ich Texte zusammen?

2.4 Schreibend forschen

- ☐ Wie kann ich eine Literaturarbeit schreibend begleiten?
- ☐ Wie dokumentiere ich den Forschungsprozess?
- ☐ Wie erleichtere ich mir die Datenanalyse?

2.5 Literatur und Texte verwalten

- ☐ Wie finde ich wichtige Quellen und Textstellen leicht wieder?
- ☐ Wann macht ein Programm für die Literaturverwaltung Sinn?
- ☐ Welches sind die wichtigsten Funktionen von Programmen für die Literaturverwaltung?

Einleitung

Auf einer langen Bahnreise stundenlang durchs Fenster schauen und die Landschaft vorbeiziehen lassen, mag entspannend sein. Sind Sie jedoch mit einem bestimmten Auftrag unterwegs, zum Beispiel als BloggerIn oder um neue Reiserouten auszukundschaften, werden Sie unterwegs Notizen anfertigen, skizzieren und fotografieren. Sie halten fest, was Sie später für Ihren Bericht benötigen könnten, reisen aber trotzdem staunend und genießend.

Genauso wenig gibt es eine strikte Trennung zwischen dem Recherchieren, Forschen und dem Schreiben. Die Forschungs- und Analysephase ist ein Teil des Schreibprozesses. Schreiben geschieht vor, während und nach dem Forschen und Analysieren. Wenn Sie recherchieren, lesen, forschen und gleichzeitig schreiben können, schaffen Sie die Grundlage für den Erstentwurf und werden so den Einstieg ins Schreiben leichter finden.

In diesem Kapitel erfahren Sie, wie Sie das Schreiben zu Forschungs- und Analysezwecken einsetzen und welches Potential sich aus dem Schreiben schöpfen lässt. Sie erkennen aber auch, was Sie verpassen, wenn Sie nichts aufschreiben. Das Vorgehen beim Recherchieren sowie einzelne Forschungsmethoden werden nur so weit erklärt, um den Sinn des Schreibens als Mittel zum Zweck zu verdeutlichen. Für methodische Fragen verwenden Sie am besten die fachspezifische Literatur.

2.1 Schreiben als Mittel zum Zweck

Stellen Sie sich vor, Sie müssten ein paar Dutzend Interviews und Transkripte aus Magazinen und Büchern inhaltlich auswerten, wüssten aber nicht mehr genau, wo und wie Sie die Daten gefunden und erhoben hatten. Sie setzen sich hin und versuchen anhand der Daten, den ersten Entwurf Ihres Textes zu schreiben. Irgendwie geht das schon, denken Sie. Befriedigend ist der Prozess des Sich-durch-die-Daten-Wühlens-und-sogleich-Schreibens aber nicht. Das nächste Mal würden Sie sicher mehr aufschreiben.

Warum soll ich Recherche und Forschung schriftlich begleiten?

Wenn Sie den Forschungs- und Analyseprozess schreibend begleiten, schaffen Sie die Grundlage für ein transparentes methodisches Vorgehen, das sowohl für Sie als auch andere Forschende nachvollziehbar wird. Sie erhöhen damit die geforderte Objektivität. Sie können mit Ihren Notizen auch später noch rekonstruieren, wie und weshalb Sie gewisse methodische Entscheidungen getroffen haben (und allenfalls aus Fehlern für zukünftige Projekte lernen).

Ebenfalls finden Sie wieder besser in die Arbeit hinein, sollten Sie einmal über längere Zeit nicht daran arbeiten können (wegen Krankheit, anderen Projekten oder Prioritäten). Nicht zuletzt – und das können wir nicht genug betonen – bilden Sie so eine Basis in Form von schriftlichen und visuellen Darstellungen, die Ihnen die Arbeit am eigenen Text über Ihre Forschung erleichtert.

Welche Mittel kann ich einsetzen?

Mit folgenden Mitteln können Sie Recherche-, Forschungs- und Analyseprozesse schriftlich begleiten:

- Exzerpte und Zusammenfassungen von Texten, die auch als Transfertexte dienen, um Ihren eigenen Text zu schreiben
- Rohanalysen, in denen Sie einzelne Daten(sätze), Beobachtungen etc. vertieft betrachten
- Memos, Protokolle oder ähnliche Hilfstexte, um zum Beispiel Entscheidungen im Prozess festzuhalten und zu reflektieren
- ein Forschungstagebuch, um fortlaufend Erkenntnisse, Beobachtungen u.Ä. zu notieren; auch zur Selbstreflexion geeignet
- Mindmaps, Cluster, Flussdiagramme, Tabellen und andere schriftlich-visuelle Mittel, um Gedanken zu sammeln (Brainstorming), Wissen zu ordnen oder neu zu kombinieren
- Sprachmemos als Tonaufzeichnungen oder Texte, wenn Ihnen ein Programm für die Spracherkennung zur Verfügung steht
- „Crime- bzw. Evidenceboard" wie im Kriminalfilm, also eine Wand mit Zetteln, Bildern, die Sie mit grafischen Mitteln zu einem Gesamtbild verbinden

Es hängt von Ihren Arbeitsvorlieben, möglicherweise auch Ihrem Thema oder der Forschungs- und Analysemethode ab, welche Mittel Sie einsetzen, um Ihre Forschung zu begleiten und Daten und Erkenntnisse aufzuzeichnen. Auf jeden Fall sollten Sie das bewusst und strategisch tun. Sie möchten ja auch Wochen, Monate oder sogar Jahre später auf Notizen, Darstellungen, Tabellen, Hilfstexte o.Ä, zurückgreifen und diese richtig einordnen können. Der Kreativität sind kaum Grenzen gesetzt. Nur Sie oder allenfalls Ihr Team müssen die Aufzeichnungen verstehen.

Worauf muss ich beim begleitenden Schreiben achten?

Sie sollten sichergehen, dass Sie anhand Ihrer Notizen später den Zusammenhang und die Quelle rekonstruieren können. Es wäre ärgerlich, wenn Sie vor Wochen eine fantastische Erkenntnis notiert hätten, diese aber mangels genauer Informationen über wie, wer, wo etc. nicht verwenden könnten. Notieren Sie sich, abhängig von der gewählten Methode, beispielsweise folgende Informationen:

- Wer sagt was? (bei Texten, Beobachtungen)
- Seitenzahl der Textstelle
- Datum und Zeit (z.b. bei Experimenten)
- Dokumentennummer oder -abkürzung (z.b. bei anonymisierten Interviews)

Das begleitende Schreiben macht Ihnen das Leben als ForscherIn leichter. Sie vergeuden keine Zeit mit Dingen, die Sie bereits beim ersten Mal richtigmachen können. Um später rasch wieder auf Notizen, Zettelsammlungen, Dokumente etc. zugreifen zu können, legen Sie diese in verschiedenen Ordnern ab oder ergänzen Sie sie mit Schlagworten (vgl. Klein 2017: 181). Bei größeren Projekten sind Datenbank-Programme nützlich. So können zum Beispiel die Notizen mit den Daten oder der Analyse verknüpft werden.

2.2 Literaturrecherche

Bei den meisten Schreibprojekten werden Sie im Verlauf des Schreibprozesses vermutlich mehrmals nach Literatur suchen:

- *Themenwahl*: Sie suchen nach einem Thema und einer Fragestellung oder versuchen, sich über ein mögliches (oder zugewiesenes) Thema kundig zu machen.
- *Im Exposé*: Sie geben einen ersten Überblick der verwendeten Literatur.

- *Recherche*: Sie versuchen, sich eine umfassende Grundlage des Wissens zu erarbeiten, um Ihre Fragestellung zu beantworten.
- *Beim Schreiben oder Überarbeiten der Rohfassung*: Sie stoßen auf Fragen, die Sie noch genauer abklären wollen, oder Sie entdecken in einer Quelle einen Literaturhinweis.

Sie benötigen also Vorgehensweisen für die Literaturrecherche, die möglichst rasch zum Ziel führen und deren Ergebnisse dank guter Dokumentation jederzeit leicht auffindbar sind.

Wie starte ich die Recherche?

Ausgangspunkt ist in der Regel eine Liste mit Einfällen zur Bestimmung von Suchbegriffen. Darauf werden nun die für eine Suche vielversprechenden Begriffe ausgewählt und thematisch geordnet. Sie wählen einen ersten Suchbegriff und versuchen Ihr Glück mithilfe einer Suchmaschine oder in einer Datenbank.

Auf diese Weise erhalten Sie einen ersten Eindruck. Gut möglich, dass Sie dabei auf Quellen stoßen, die eine genauere Betrachtung verdienen. Das reicht für eine ernsthafte Literatursuche freilich nicht. Sie sind noch weit davon entfernt, das ganze Bild zu sehen. Trotzdem lohnt es sich, die Suche bereits in diesem frühen Stadium zu dokumentieren.

Beim sogenannten „Anrecherchieren" stöbern Sie mal hier, mal dort, um sich ein erstes Bild zu machen und abzuklären, ob ein Thema interessant ist und für Ihren Schreibauftrag auch genügend hergibt. Stehen dann das Thema und eine Fragestellung fest, beginnt das systematische Recherchieren mit ausgewählten Suchbegriffen und Suchstrategien. Dabei sollten Sie sich nicht nur von Suchmaschinen leiten lassen, sondern systematisch vorgehen und eigene Suchbegriffe definieren.

Welche Suchstrategie passt zu mir?

Zwei grundsätzlich verschiedene Möglichkeiten bieten sich an:

- *Schneeball-Prinzip*: Sie suchen von einer Quelle zur nächsten. Sie überfliegen Texte, die für Sie wichtige Informationen enthalten könnten, und untersuchen dabei insbesondere die Literaturhinweise nach weiteren möglichen Quellen.

- *Suchpfad-Prinzip*: Ähnlich wie eine Reiseroute in einem fremden Land legen Sie einen Suchpfad fest. Eine Mindmap kann dafür hilfreich sein. Sie können aber auch mit Haftzetteln arbeiten. Steht keine Pinnwand zur Verfügung, gibt es dafür auch Apps oder Online-Angebote. Nun suchen Sie entlang der Zweige der Mindmap oder auf der Pinnwand in der Reihenfolge der Zettel. Dabei können Sie vom Allgemeinen zum Besonderen oder umgekehrt vorgehen (Müller et al. 2013: 10).

Welches Ihre bevorzugte Suchstrategie ist, werden Sie rasch selbst herausfinden. Führt jedoch eine Suche einmal nicht weiter, kann sich auch ein spontaner Strategiewechsel lohnen.

Wie finde ich Suchbegriffe?

Zapfen Sie zuerst Ihr eigenes Wissen an. Dafür gibt es verschiedene Techniken und Methoden. Am besten ist es, wenn Sie zuerst frei assoziieren, sich von Ihren Einfällen leiten lassen und eine Liste oder ein Cluster erstellen. Vielleicht müssen Sie Ihr Gehirn dabei etwas unterstützen und im „inneren Archiv" stöbern, wie dies Birkenbihl (2015) bezeichnet. Dazu schlägt sie unter anderem vor, eine alphabetische Liste zu erstellen und dann Begriffe zu notieren, die einem mit den betreffenden An-fangsbuchstaben einfallen.

Eine ähnliche Methode bietet das Akrostichon. Ein Name oder ein Begriff wird der Höhe nach notiert. Dann werden zu den jeweiligen Buchstaben Worte oder auch Sätze notiert.

R	REGELN für die Suche bestimmen
E	ERSTER Überblick
C	sich im CHAOS zurechtfinden
H	den Stand des Wissens HERAUSFINDEN
E	ENTDECKUNGEN machen
R	RATSCHLÄGE der Bibliothek beachten
C	COMPUTERunterstützt suchen

H gefundenes Wissen HIERARCHISCH ordnen
E Eingrenzen, einordnen

Wiederholen Sie das am nächsten Tag, kommen mit Sicherheit neue Gedanken dazu. Mit etwas Übung geht das immer besser und schneller, vor allem dann, wenn das Akrostichon einen Begriff im Zusammenhang mit dem Thema Ihrer Arbeit darstellt. Auf jeden Fall motivieren Sie damit Ihr Gehirn, in seinem riesigen Netzwerk nach bereits gespeichertem Wissen zu suchen.

Haben Sie mit dieser kreativen Vorgehensweise eine Anzahl Suchbegriffe bestimmt, bringen Sie diese in eine Reihenfolge. Der oben beschriebene Suchpfad ist dafür hilfreich. Auf Ihrer Liste mit Suchbegriffen sollten auf jeden Fall alle Substantive stehen, die in der Fragestellung enthalten sind. Vielleicht müssen dazu unterschiedliche Schreibweisen beachtet werden. Möglicherweise gibt es auch Synonyme.

Wie vermeide ich, mich bei der Literaturrecherche zu verlieren?

Legen Sie wie Hänsel und Gretel Brotkrumen aus. Dokumentieren Sie die Suche. So finden Sie jederzeit wieder den Weg auf den Suchpfad zurück und verlieren sich nicht im Dickicht. Sie können dafür die Möglichkeiten der Suchmaschinen nutzen oder im Browser den Verlauf Ihrer Suche nachschauen. Zuverlässiger ist es, die einzelnen Arbeitsschritte, Suchbegriffe, Fundstellen, Sackgassen etc. aufzuzeichnen. Sie führen also ein Rechercheprotokoll oder Tagebuch. Das mag angesichts unserer alltäglichen Gewohnheiten der Internetsuche aufwändig erscheinen, doch Sie behalten einfacher den Überblick. Bei einer seriösen Recherche zahlt sich die Mühe aus.

2.3 Lesen und zusammenfassen

Über den ganzen Schreibprozess hinweg wechselt sich das Lesen und Schreiben häufig ab, wobei der Zweck des Lesens verschieden sein kann. Je nach Lesezweck können Sie auf die eine oder andere Art und Weise lesen. Wählen Sie den passenden Lesemodus, damit Ihnen nichts entgeht und Sie aber auch nicht unnötig Zeit verlieren.

Wie finde ich den passenden Lesemodus?

Überlegen Sie, zu welchem Zweck der Text gelesen werden soll. Wollen Sie …

- … Datenbanken erkunden, Bibliothekskataloge oder Literaturverzeichnisse durchkämmen, öffnen Sie Quellen besser nicht, um sich nicht in den Texten zu verlieren. Suchen Sie zuerst nach brauchbaren Stichworten und Überschriften.
- … die wichtigsten Informationen in einem vielleicht für Sie interessanten Text erfassen, dann überfliegen Sie ihn zuerst diagonal und konzentrieren sich dabei auf das Abstract, das Inhaltsverzeichnis, die Einleitung und die Schlussfolgerungen.
- … einen Überblick des ganzen Textes gewinnen, sich aber doch noch nicht auf Details einlassen, können Sie ihn kursorisch bzw. schnell lesen.
- … einen Text verstehen, einordnen oder kommentieren, müssen Sie ihn intensiv und konzentriert lesen. Finden Sie Hinweise auf weiterführende Literatur, markieren Sie nur die Stelle oder machen eine Notiz, begeben sich aber nicht gleich auf die Suche.
- … eine bestimmte Textstelle, Begriffe oder eine Randnotiz wiederfinden, lesen Sie suchend, was ebenfalls eine hohe Konzentration erfordert.
- … einen Text kritisch würdigen oder dazu Feedback geben (vgl. Kap. 6), wählen Sie einen wertschätzenden, achtsamen Lesemodus.
- … einen Text inhaltlich, stilistisch oder sprachlich überarbeiten, dann werden Sie prüfend, also langsam lesen, am besten durch die Brille Ihres Zielpublikums.

Sie müssen sich bewusst sein, wozu Sie lesen, wollen Sie nicht jeden Text gleich intensiv und aufmerksam lesen, aber doch die für den jeweiligen Lesezweck erforderlichen Informationen erfassen.

Wie kann ich große Textmengen bewältigen?

Wollen Sie nach einer umfangreichen Literaturrecherche in einem bestimmten Zeitrahmen eine größere Zahl von Quellen lesen, ist es sinnvoll, die Lesezeiten zu planen und auch dafür zu sorgen, dass Sie immer Lesestoff dabeihaben. So können Sie auch in unerwarteten Pausen oder Wartezeiten arbeiten. Bestimmen Sie den zum Lesezweck angemessenen Lesemodus (siehe oben) und beachten Sie Folgendes:

- *Konzentration, Fokus aufs Lesen*: Das Gehirn ist zwar in der Lage, unterschiedliche Informationen gleichzeitig aufzunehmen. Beim konzentrierten Lesen gelingt das nicht allen gleich gut. Lesen und hören Sie nur dann gleichzeitig, wenn Sie das gewohnt sind. Andernfalls ist es besser, sich von der Umgebung abzukapseln, zum Beispiel mit Kopfhörern ohne Musik.

- *„Bremsen" vermeiden*: Behalten Sie wie beim Schreiben auch beim Lesen die Vorwärtsbewegung bei. Bleiben Sie mit dem Auge auf der Zeile. Wenn Sie häufig zurückspringen und Textstellen ein zweites Mal lesen, kommen Sie weniger gut voran.

- *Sinn erfassen*: Überlegen Sie nach jedem Abschnitt oder Unterkapitel kurz, worum es darin ging (Thema) und welches die Hauptaussage war.

Soll ich eine Schnelllese-Technik erlernen?

Müssen Sie regelmäßig große Textmengen in kurzer Zeit verarbeiten, wäre es verlockend, die Lesegeschwindigkeit zu steigern, und zwar ohne oberflächlich zu lesen und dabei wichtige Informationen zu übersehen. Die Versprechungen der einschlägigen Bücher und Kurse, 800 bis 1500 statt „nur" ca. 250 Wörter pro Minute zu lesen, sind beeindruckend. Dies ist aber einzig mit regelmäßigem Training zu erreichen und birgt die Gefahr, oberflächlich zu lesen.

Kurz vor dem Abgabetermin reicht die Zeit für das Erlernen einer Schnelllese-Technik kaum. Wir raten Ihnen, sich beim Lesen zu konzentrieren und, wie oben beschrieben, „Bremsen" zu vermeiden. Sie können auch selektiv lesen und bei Bedarf zwischen schnellen und langsamen Lesemodi wechseln.

Wozu dienen Zusammenfassungen?

Der Zweck des Zusammenfassens besteht in erster Linie darin, für sich selbst bzw. das Schreibprojekt eine Wissensbasis einzurichten, die während des ganzen Prozesses und insbesondere beim Schreiben verfügbar ist, und zwar möglichst ohne auf die Quellen im Original zugreifen zu müssen.

Die Zusammenfassungen sollten gerade so lang sein, dass Sie diese auch ein paar Wochen später ohne weiteres wieder verstehen und einordnen können. Notieren Sie also immer die genaue Herkunft (Referenz).

Wie fasse ich Texte zusammen?

In der Regel müssen Sie nicht gleich einen ganzen Text zusammenfassen, sondern einzelne für Ihre Forschungsfrage relevante Abschnitte oder Absätze. Markieren Sie diese beim ersten Durchlesen des Textes und nehmen Sie sich eine erste Textstelle vor, die Sie zusammenfassen möchten. Notieren Sie zuerst, worum es geht (das Thema) und was darin mitgeteilt wird (die Hauptaussage). Wiederholen Sie das für jede markierte Textstelle und fassen Sie dann die Hauptaussagen in eigenen Worten in einem neuen Text zusammen, eventuell ergänzt mit Kommentaren (vgl. unten: Exzerpt).

2.4 Schreibend forschen

Bei einer Literaturarbeit erarbeiten Sie Ihr Thema ausschließlich aus Forschungsliteratur oder anderen schriftlichen Quellen. Die Literatursuche wird also zum Hauptzweck Ihrer Arbeit. Betreiben Sie empirische Forschung, informieren Sie sich zuerst, welche Erkenntnisse andere zu Ihrer Fragestellung bereits veröffentlicht haben. Sie tun das im eigenen Interesse, um bereits geklärte Fragen nicht ein zweites Mal untersuchen zu müssen, aber auch im Interesse Ihrer Lesenden, die sich so ein Bild machen, von welchem Wissensstand Sie bei Ihren Überlegungen ausgegangen sind.

Wie kann ich eine Literaturarbeit schreibend begleiten?

Bei einer Literaturarbeit stehen zwei Anliegen im Vordergrund: Einerseits soll die Recherche zurückverfolgt werden können. Andererseits wollen Sie das Gelesene nicht vergessen. Dazu bieten sich folgende Mittel an:

- Exzerpte zu den Aspekten, für die Sie sich in den Texten aufgrund Ihrer Fragestellung interessieren. Diese Exzerpte bilden später eine wichtige Grundlage, um Ihren eigenen Text zu schreiben. In den Exzerpten unterscheiden Sie zwischen dem, was die AutorInnen der Texte sagen, und dem, was Sie darüber denken. Sie geben stets an, von welcher Seite Sie welche Information haben, damit Sie diese später nicht nochmals nachschlagen müssen.

- Tabellen helfen, rasch einen Überblick einzelner Aspekte in den verschiedenen Texten zu finden, zum Beispiel bei einem Vergleich theoretischer Positionen. Auch eine Überprüfung Ihrer Quellen nach bestimmten Gütekriterien wie Bezug zum Thema und zur Fragestellung, Objektivität (Erhebungsmethoden, Auswertung, Interpretation), Reliabilität (Zuverlässigkeit der Erhebungen) oder Validität (Gültigkeit der Ergebnisse in Bezug auf die Fragestellung) lässt sich mit Tabellen einfacher bewerkstelligen. Das ist besonders dann hilfreich, wenn Sie eine Literaturübersicht über eine große Zahl an Texten anfertigen müssen.

- Andere Darstellungsformen wie etwa eine Mindmap auf Papier, mit Klebezetteln, auf einer Tafel oder mit einer entsprechenden Software können Sie ebenso verwenden, um eine (veränderbare) Ordnung in das Gelesene zu bringen.

Damit verfolgen Sie das Ziel, während des forschenden Lesens und Analysierens der Quellen die für Ihre Arbeit wichtigen Erkenntnisse und Ihre eigenen Gedanken dazu festzuhalten. Sie werden für jeden wissenschaftlichen Text diese Arbeit leisten müssen, da Sie sich unweigerlich auf andere Forschungsliteratur beziehen.

Wie dokumentiere ich den Forschungsprozess?

Damit Sie auch in Zukunft noch wissen, welche Erkenntnisse Sie im Forschungs- und Analyseprozess gewonnen haben, inklusive Probleme und Rückschritte, Auffälligkeiten in den Daten etc., sind Aufzeichnungen in einem Tage- oder Logbuch hilfreich.

Während der Ausarbeitung des Fragebogens können Sie beispielsweise Ihre Gedanken notieren, wie Sie zu den einzelnen Fragen gekommen sind und weshalb Sie sie so formuliert haben. Damit reflektieren Sie Ihr Vorgehen und stoßen dabei womöglich auf Ungereimtheiten in der Konzeption der Fragen wie etwa einer subjektiven Verzerrung. Ebenso können Sie die Bestimmung der Stichprobe schriftlich reflektieren.

Auf diese Weise sammeln Sie Informationen, die Sie später im Methodenteil oder für die Interpretation der Ergebnisse verwenden können.

Wie erleichtere ich mir die Datenanalyse?

Notieren Sie Ihre Fragen, Gedanken, Interpretationen etc. laufend, wenn Sie Daten analysieren. Auf diese Weise können Sie Erkenntnisse (hoffentlich auch Fehlschlüsse) wieder herleiten und sichtbar machen. Mit visuellen Mitteln wie Tabellen oder Grafiken stellen Sie Zusammenhänge oder Muster dar, über die Sie dann in Ihrem Text berichten. Diese Notizen, Tabellen oder Grafiken müssen nicht bereits denen entsprechend, die Sie später in Ihrem Text präsentieren, Sie können Ihnen aber die Arbeit erleichtern.

Auch die Auswertung von Daten, die Sie mit einer qualitativen Forschung erhoben haben (Tiefeninterviews, Feldforschung, Textanalyse etc.), können Sie Schritt für Schritt schriftlich begleiten. Anstatt Zahlen und Korrelation zu analysieren, spüren Sie Themenschwerpunkten, sprachlichen Mustern und Ausdrucksweisen, Diskursen o.Ä. nach.

Halten Sie also Ihre methodischen Entscheidungen und Erkenntnisse fest und reflektieren Sie dabei den Prozess. Bei der Feldforschung wird das üblicherweise in Form eines Tagebuchs gemacht. Aber Sie haben vermutlich auch Ihr Smartphone dabei und können damit auf einfache Weise Bild- und Tonaufzeichnungen machen oder mit einem Sprachassistenten Ihre Gedanken aufzeichnen.

Die Frage etwa, welche Codes Sie einzelnen Textstellen in den Interviews geben und warum, können Sie in einem Codierleitfaden beschreiben. Damit wissen Sie später erneut, unter welchen Bedingungen eine Aussage zu diesem Code gehört und nicht einem anderen (das lässt sich auch in den entsprechenden Softwareprogrammen für die qualitative Datenanalyse erfassen). Doch auch nach dem Codieren lohnt es sich, erste Erkenntnisse innerhalb eines Interviews oder Beobachtungsprotokolls bzw. über mehrere Dokumente hinweg schriftlich festzuhalten. Diese Transfertexte bilden später eine Basis, um die Resultate in Ihrem Text zu beschreiben.

2.5 Literatur und Texte verwalten

Auch heute gibt es noch Forschende, die mit einem Zettelkasten arbeiten. Sie legen für jedes Exzerpt eine eigene Karteikarte an. Steht das Thema auf der Titelzeile und werden die Karten im Kasten sinnvoll geordnet, lassen sie sich rasch wiederfinden. Es ist auch möglich, die Karten auf dem Tisch auszulegen und nach anderen Kriterien umzusortieren. Für eine kleinere schriftliche Arbeit im Studium mag dieses Vorgehen durchaus angemessen sein. Bei einer größeren Arbeit ist es allerdings sinnvoll, dass Sie die Exzerpte digital ablegen und wieder abrufen können (vgl. Klein 2017: Kap. 7).

Wie finde ich wichtige Quellen und Textstellen leicht wieder?

Mit einem Ablage- oder Ordnungssystem sorgen Sie bereits beim Lesen dafür, dass Sie sowohl Ihre Quellen als auch Textstellen und Informationen, die Sie später verwenden möchten, leicht wiederfinden können. Lesen Sie zuhause oder in der Bibliothek, können Sie laufend Referenzen, Notizen, Exzerpte und Zusammenfassungen mit dem Computer aufnehmen. Besonders komfortabel geht die Arbeit mit einem Programm für die Literaturverwaltung voran (siehe unten). Es reicht aber auch, ein Verzeichnis entsprechend der Struktur Ihrer Arbeit anzulegen und darin die zugehörigen Dateien aufzubewahren.

Lesen Sie unterwegs oder wollen erst später zusammenfassen, markieren Sie die betreffenden Abschnitte. Müssen Sie die Quellen unbeschadet zurückgeben, verwenden Sie Buchzeichen oder selbstklebende „Page Marker".

Fassen Sie die entsprechenden Stellen möglichst bald zusammen oder fertigen Sie Exzerpte an. Notieren Sie nicht nur die Referenzen der Textstellen in Ihrem Forschungstagebuch, sondern auch die Signatur ausgeliehener Bücher, falls Sie diese vor Abschluss des Schreibprozesses zurückgeben müssen.

Wann macht ein Programm für die Literaturverwaltung Sinn?

Machen Sie vor der Anschaffung eines der bekannten Programme für die Literaturverwaltung (Citavi, EndNote, RefWorks, Litlink etc.) eine Kosten-Nutzen-Rechnung. Das lohnt sich auch, wenn Sie über Ihre Hochschule günstig Zugang zu einem solchen Programm erhalten. Um diese Instrumente zu nutzen und deren Möglichkeiten voll ausschöpfen zu können, ist ein gewisser Lernaufwand erforderlich.

Wollen Sie weder Zeit noch Geld in eine neue Software investieren, sich aber doch nicht mit dem Zettelkasten zufriedengeben, können Sie die Ablage der Exzerpte auch mit Textdateien organisieren und zum Beispiel pro Quelle eine Datei anlegen. Eine übersichtliche und auf das Inhaltsverzeichnis abgestimmte Struktur von Ordnern und Unterordnern, eine Tabelle oder eine einfache Datenbank leisten gute Dienste, insbesondere wenn die Zahl Ihrer Quellen überschaubar ist.

Welches sind die wichtigsten Funktionen von Programmen für die Literaturverwaltung?

Zum Standard gehört, dass Sie auf Knopfdruck bibliografische Informationen im Internet suchen und einlesen oder Literaturverzeichnisse im gewünschten Format generieren können. Eine umfassende Übersicht der Funktionen gibt Klein (2017: 134-137). Theoretisch können Sie Ihre ganze Arbeit mit einem solchen Instrument planen, ausführen und schließlich ins gewünschte Format exportieren. Bedenken Sie neben den Kosten auch den Lernaufwand, um mit diesen Programmen effizient arbeiten zu können. Streben Sie eine wissenschaftliche Karriere an und wollen später regelmäßig publizieren, lohnt sich der Aufwand.

Zum Vertiefen

Birkenbihl, Vera F. (2015): Das innere Archiv. München: mvg Verlag.

Müller, Ragnar, Jürgen Plieninger und Christian Rapp (2013): Recherche 2.0: Finden und Weiterverarbeiten in Studium und Beruf. Wiesbaden: Springer.

Hauptpunkte

- Auch die Recherche-, Forschungs- und Analysephasen sind Teile des Schreibprozesses. Wenn Sie diese schreibend begleiten, können Sie nicht nur jederzeit Prozesse und Vorgehensweisen nachvollziehen. Sie sammeln auch Material, das Sie später beim Schreiben verwenden können.
- Neben Transfertexten wie Exzerpten, Zusammenfassungen oder Notizen stehen Ihnen unter anderem Tabellen, ein Tagebuch, Mindmaps, Grafiken, Bild- und Tonaufzeichnungen zur Verfügung.
- Eine gute Dokumentation des Forschungs- oder Analyseprozesses unterstützt bei der Reflexion des Vorgehens oder bei Problemlösungen, erleichtert später aber auch die Analyse der Ergebnisse.
- Literaturrecherchen sind in verschiedenen Phasen des Schreibprozesses erforderlich. Es empfiehlt sich ein systematisches Vorgehen mit einer bewussten Suchstrategie (Schneeball- oder Suchpfad-Prinzip), sorgfältig definierten Suchbegriffen sowie das Aufzeichnen des Suchprozesses.
- Die Lesezwecke sind verschieden. Mit den dazu passenden Lesemodi können Sie Zeit gewinnen und auch große Textmengen bewältigen.
- Zusammenfassungen und Exzerpte helfen, mit dem beim Lesen gesammelten Wissen eine gute Grundlage aufzubauen.
- Ein der Größe des Schreibprojekts und Ihren Bedürfnissen angepasstes Instrument der Literaturverwaltung ermöglicht, beim Schreiben auf das gesamte Material rasch zugreifen zu können und bei der Analyse Querverbindungen herzustellen.

3 Strukturieren grob und fein

Checkliste

3.1 Strukturkonventionen und roter Faden

- ☐ Wem nützt ein gut strukturierter Text?
- ☐ Welche Vorgaben bestehen, wie mein Text aufgebaut sein muss?
- ☐ Welche allgemeinen Strukturelemente existieren?
- ☐ Wie strukturiere ich die einzelnen Kapitel?
- ☐ Wie erkennen die Lesenden einen roten Faden?

3.2 Einzelne Strukturelemente

- ☐ Wann erstelle ich ein Inhaltsverzeichnis?
- ☐ Muss ich die Kapitel und Unterkapitel durchnummerieren?
- ☐ Wie ist ein Abstract aufgebaut?
- ☐ Soll ich das Abstract wirklich erst am Schluss verfassen?
- ☐ Was gehört in die Einleitung?
- ☐ Warum soll ich den Hauptteil nicht „Hauptteil" nennen?

- Wie strukturiere ich den Hauptteil?
- Was ist der Unterschied zwischen der Diskussion und den Schlussfolgerungen?
- Was darf/muss in den Anhang?

Einleitung

Sie besuchen auf Ihrer Reise ein Museum. Schon beim Eintreten bemerken Sie Unterschiede zu den Museen, die Sie von zuhause kennen. Erst nach einigem Suchen finden Sie endlich die Kasse und die Garderobe. In der Ausstellung stellen Sie fest, dass die Ausstellungsstücke ohne eine für Sie verständliche Ordnung präsentiert sind und auch nicht immer erklärt werden. Sie bemühen sich eine gewisse Zeit lang, sich zurechtzufinden, und verlassen dann enttäuscht das Haus, weil auch die Cafeteria unauffindbar ist.

Es gibt Orte und Situationen, wo wir eine gewisse Struktur dem kreativen Chaos vorziehen. Dies trifft zweifellos auch zu, wenn wir uns mit wissenschaftlichen Texten beschäftigen und sauber begründete Antworten auf bestimmte Fragestellungen erwarten.

3.1 Strukturkonventionen und roter Faden

Bei der Literatursuche und beim Lesen ist Ihnen vermutlich aufgefallen, dass wissenschaftliche Texte nach einem ähnlichen Muster aufgebaut sind. AutorInnen halten sich dabei an allgemeine und fachspezifische Konventionen, also „stille Übereinkünfte" zur Textstruktur (Kruse 2015: 96). Je nach Fach sind diese niedergeschrieben oder aber bleiben implizit, auch wenn sie alle befolgen.

Wem nützt ein gut strukturierter Text?

Die Textstruktur hilft sowohl Ihnen als AutorIn als auch den Lesenden: Ihnen hilft sie, das Thema und die Frage systematisch zu bearbeiten und darzustellen. Lesende können dank der Struktur das Gelesene leichter nachvollziehen. Um Missverständnisse zu vermeiden, sollten Sie sich an die in Ihrem Fach üblichen Strukturierungsweisen halten und damit den Erwartungen der Lesenden entsprechen.

Welche Vorgaben bestehen, wie mein Text aufgebaut sein muss?

Schauen Sie zuerst in den Reglementen und, falls vorhanden, im Schreibauftrag nach, ob Ihr Text bestimmten Strukturvorgaben gerecht werden muss. Wenn ja, befolgen Sie diese Vorgaben bis ins letzte Detail. Andernfalls machen Sie sich über die Strukturkonventionen in Ihrem Fach schlau. Informationen dazu finden Sie etwa in fachspezifischen Ratgebern und Einführungen. Sie können auch Texte analysieren – Publikationen oder erfolgreiche Haus- und Abschlussarbeiten –, um herauszufinden, welche Konventionen existieren. Letztlich ist es aber immer besser, wenn Sie sich überlegen, wie Ihre Forschung den Lesenden am besten präsentiert werden soll. Eine Arbeit in Philosophie, in der es um Argumente geht, sieht anders aus als eine Arbeit in Soziologie, in der Ergebnisse einer quantitativen Erhebung vorgestellt werden.

Wir geben Ihnen ein Beispiel einer weit verbreiteten Strukturkonvention, um Ihnen zu zeigen, wonach Sie Ausschau halten können, wenn Sie nach Konventionen suchen. In den Naturwissenschaften, der Medizin, der Psychologie und einigen anderen Fächern werden mittlerweile die meisten Forschungsresultate in Form des IMRAD-Schemas dargestellt:

- *Introduction (Einleitung)*: Beschreibung des Forschungsgegenstandes, der Fragestellung/These/Hypothese, der Bedeutung des Themas, des Ziels der Arbeit, der Abgrenzungen etc.
- *Method (Methode)*: Darstellung der Methode, Vorgehensweise und Analyseinstrumente.
- *Results (Ergebnisse)*: Darstellung der Ergebnisse bzw. Antworten auf die Frage/These/Hypothese, bspw. in Form von kommentierten Tabellen, Statistiken u.Ä.

- And
- *Discussion (Diskussion)*: Die Resultate werden in Bezug zu anderen Forschungen diskutiert, Hauptresultate oder -erkenntnisse werden hervorgehoben.

(Das Akronym verschweigt, dass zu Beginn des Textes ein Abstract steht und am Ende eine Schlussfolgerung kommen kann.)

Selbst wenn Sie sich an klare Strukturvorgaben halten müssen, haben Sie mehr Freiheiten, wenn es um die interne Struktur von Kapiteln geht (z.B. für die Darstellung Ihrer Methoden oder Resultate), ausgenommen beim Abstract und bei der Einleitung: Die beiden Teile verfügen oftmals selbst über klare Konventionen zur Binnenstruktur (siehe unten; vgl. Macgilchrist 2014: Kap. 3 und 4).

Welche allgemeinen Strukturelemente existieren?

Das hängt von der Textsorte ab. Folgende Strukturelemente kommen häufig vor:

- Inhaltsverzeichnis
- Vorwort
- Abstract
- Tabellen-/Abbildungsverzeichnis
- Literaturverzeichnis
- Danksagung
- Erklärung der Eigenständigkeit

Versichern Sie sich aber stets, was in den Vorgaben oder Reglementen steht bzw. in Ihrem Fach üblich ist.

Wie strukturiere ich die einzelnen Kapitel?

Diese Frage können wir Ihnen leider nicht konkret beantworten. Dafür gibt es zu viele Fächer, Konventionen und Vorlieben. Was aber für die Arbeit als Ganzes gilt, trifft auch für die einzelnen Kapitel zu: Sie benötigen eine innere Struktur, damit Ihre Gedankengänge nachvollzogen werden können. Und damit beginnen für viele Schreibende die eigentlichen Probleme.

Ein Kapitel besteht, vereinfacht dargestellt, ebenfalls aus einer Einleitung, einem Hauptteil und einem Schlussteil, der möglichst nahtlos zum folgenden Kapitel überleitet. In der Einleitung ins Kapitel wird der Faden aus dem vorangehenden Kapitel, sofern vorhanden, aufgenommen und der Boden für die Hauptinhalte vorbereitet.

Der Hauptteil kann, abhängig vom Inhalt, unterschiedlich strukturiert werden:

- chronologisch
- nach Begriffen, Aspekten oder Perspektiven eingeteilt
- nach Argumenten
- in der Reihenfolge der zu beantwortenden Unterfragen/-thesen und nach anderen Prinzipien (vgl. Klein 2017: 211-215)

Entscheidend ist, dass am Ende die Lesenden verstehen, was Sie wie und weshalb darstellen.

Sofern Sie die Binnenstruktur des Kapitels nicht bereits von A bis Z im Kopf haben, lohnt es sich, vor einem neuen Kapitel das Schreiben jeweils zu unterbrechen und auf einem Notizpapier die Inhalte und deren Reihenfolge zu planen. Je konsequenter Sie dies zum Beispiel mit Mindmaps tun, desto leichter fällt Ihnen das Planen und die „Pflege" des roten Fadens (für andere kreative Schreibwerkzeuge vgl. Kap. 2).

Wie erkennen die Lesenden einen roten Faden?

Der rote Faden führt die Lesenden durch einen Text, von der Fragestellung zur Antwort. Er ermöglicht, Denkprozesse nachzuvollziehen und hilft, sich auch in komplexen Texten nicht zu verlieren. Dies sollte eigentlich in jedem wissenschaftlichen Text der Fall sein.

Damit sich die Lesenden unterwegs nicht verlieren, bauen Sie ihnen eine Art Geländer, woran sie sich von der Einleitung bis zu den Schlussfolgerungen halten können. Das kann etwa eine sich wiederholende Struktur innerhalb der Kapitel sein. Hier ein Beispiel: In einem Ländervergleich über die Pollenbelastung von Anfang Februar bis Ende Juni könnten Sie die Ergebnisse und die Diskussion jeweils zuerst nach den beobachteten Ländern und dann nach den verschiedenen Pollenarten gliedern.

Neben der Planung der groben Struktur der Arbeit gibt es weitere Techniken, um den roten Faden sichtbar zu machen:

- *Überleitungen*: In TV-Serien wird zu Beginn einer neuen Folge oder Staffel mit ein paar Szenen an das bisherige Geschehen erinnert. Das können Sie mit klugen Überleitungen von einem Kapitel zum nächsten auch in einer wissenschaftlichen Arbeit tun.
- *„Cliffhanger"*: Sie weisen am Schluss des Kapitels darauf hin, welche Fragen im nächsten Abschnitt behandelt werden. Damit bleiben die Zuschauenden dran bzw. die Lesenden im Text und erwarten neugierig die Fortsetzung.

Widmen Sie den Übergängen zwischen Kapiteln, Unterkapiteln und auch einzelnen Absätzen beim Überarbeiten am Schluss des Schreibprozesses eine eigene Korrekturrunde (vgl. Kap. 5). Brüche in der Erzählung sind manchmal erst aus einer gewissen Distanz und durch die Brille der Lesenden erkennbar. Die Frage, ob ein roter Faden erkennbar sei, wäre ein Auftrag für ein Peer-Feedback (vgl. Kap. 6).

3.2 Einzelne Strukturelemente

Im Folgenden gehen wir auf einzelne Strukturelemente wissenschaftlicher Texte und deren Erstellung genauer ein.

Wann erstelle ich ein Inhaltsverzeichnis?

Bestehen klare Vorgaben zur Struktur, erübrigt sich die Frage. Im Idealfall aber erstellen Sie ein grobes Inhaltsverzeichnis, wenn Sie zum ersten Mal über Ihre Arbeit nachdenken (eventuell bereits für das Exposé, siehe Kap. 1). Das unterstützt Sie beim Planen und beim Schreiben. Passt das nicht zu Ihrer Schreibstrategie (z.B. beim Drauflosschreiben), verschieben Sie die Aufgabe auf später. Ein Inhaltsverzeichnis kann stets geändert werden und erhält seine endgültige Fassung meist erst kurz vor Abgabe der Arbeit.

Muss ich die Kapitel und Unterkapitel durchnummerieren?

Die Kapitel und Unterkapitel Ihres Textes auf allen Ebenen zu nummerieren, ist grundsätzlich nicht falsch. Abhängig von der Textstruktur macht das aber nicht immer Sinn. Die bekannte Nummerierung „1., 1.1, 1.1.1" kann nützlich sein, wenn Sie viele interne Textverweise einsetzen („siehe Kapitel 4.2.3") oder Argumente oder Sachverhalte hierarchisch gliedern wollen. Ist dies nicht der Fall, kann eine Nummerierungsebene (1., 2. etc.) ausreichen. Sie arbeiten dann lediglich mit Untertiteln, ohne diese aber in eine numerische Ordnung zu bringen. Vergewissern Sie sich, was in Ihrem Fach üblich ist. Nur weil die Nummerierung den Anschein von Wissenschaftlichkeit weckt, heißt das noch lange nicht, dass sie sinnvoll ist.

Falls Sie sich aber für diese Art der Nummerierung entscheiden, sollten Sie darauf achten, dass jede Ebene mehrere Unterebenen beinhaltet. Ob unter Überschriften gleich die Überschrift der Unterebene folgen darf oder nicht, ist umstritten (vgl. Klein 2017: 209). Eine kurze Einleitung oder einen Übergang unter „3.1" und dem Titel bevor Sie mit „3.1.1" beginnen, dient der Leseführung. Überlegen Sie sich darüber hinaus, wie viele Ebenen zur Strukturierung passend sind. Lesende verlieren leicht die Übersicht, wenn ein Text mehr als vier Gliederungsebenen enthält.

Wie ist ein Abstract aufgebaut?

Ein Abstract kann folgende Informationen enthalten:

- Darstellung Thema/Problem/Stand der Forschung
- Zweck und Fokus der eigenen Forschung
- Methode/Vorgehen/Material
- Hauptergebnisse
- Schlussfolgerung/Implikationen

Welche Informationen in welcher Reihenfolge im Abstract erscheinen, hängt mitunter von Fachkonventionen und Vorgaben ab (vgl. Swales/Feak 2009; Macgilchrist 2014: Kap. 3). Wichtig ist, dass die Informationen klar strukturiert und verständlich präsentiert werden (entweder in einem Absatz oder ein Absatz pro Informationspaket).

Soll ich das Abstract wirklich erst am Schluss verfassen?

Obschon das Abstract am Anfang des Textes steht, wird es meistens erst am Schluss des Schreibprozesses erstellt. Diese kurze Zusammenfassung, ungefähr 200 bis 300 Wörter lang, sofern keine Vorgabe vorhanden, verfasst man in der Regel erst, wenn alle anderen Kapitel mindestens als Rohfassung geschrieben sind. Es gibt aber durchaus Gründe, eine erste Version des Abstracts bereits früher zu verfassen:

- *Orientierungshilfe*: Sie können das Abstract dazu benutzen, ein Gerüst Ihrer Arbeit aufzubauen. Das wird Ihnen helfen, auch in schwierigen Situationen den Fokus im Auge zu behalten. Versuchen Sie, Ihr Schreibprojekt in wenigen Sätzen zusammenzufassen, so können Sie prüfen, ob der Inhalt Ihrer Arbeit logisch und durchdacht erscheint und ob Sie immer noch auf Kurs sind.

- *Denkhilfe*: Angenommen, Sie haben die wesentlichen Ergebnisse noch nicht gefunden und stecken immer noch mitten im Suchprozess. Vielleicht hilft es beim Nachdenken, wenn Sie in wenigen Sätzen aufschreiben, was der Gegenstand Ihrer Arbeit ist, welche Fragen Sie stellen, mit welchen Methoden Sie nach Antworten suchen, was Sie bereits herausgefunden haben und welche Schlussfolgerungen mit dem aktuellen Wissen möglich sind. So erhalten Sie eine Standortbestimmung und erkennen offene Fragen oder Handlungsbedarf besser.

- *Vertiefung und Identifikation*: Wenn Sie längere Zeit an einem Schreibprojekt arbeiten, wird es zu einem Teil von Ihnen. Es sollte also möglich sein, jemanden in kurzer Zeit zu erklären, womit Sie sich derzeit so eingehend beschäftigen.

Stellen Sie sich vor, wie sie FreundInnen an der Bushaltestelle erzählen, worüber Sie schreiben. Bis der nächste Bus eintrifft, bleiben Ihnen ein bis zwei Minuten. Sie müssen die Sache also auf den Punkt bringen. Damit dies gelingt, müssen Sie die Grobstruktur der Arbeit im Kopf haben. Je öfters Sie den aktuellen Stand Ihrer Arbeit kurz zusammenfassen, desto leichter fällt Ihnen das.

Was gehört in die Einleitung?

Die Struktur der Einleitung entspricht mehr oder weniger jener des Exposés, das Sie im Rahmen der Planung Ihrer Arbeit verfasst hatten. Nachdem Sie sich in der Zwischenzeit mit der Literatur befasst oder geforscht haben, brauchen Sie einige Elemente des Exposés nur noch zu aktualisieren. Nach einer langen Lese- und Forschungsphase ist es zudem hilfreich, nochmals im Exposé nachzulesen, was Sie ursprünglich beabsichtigt haben zu schreiben.

In der Einleitung halten Sie folgende Informationen fest:

- *Thema, Fragestellung, These/Hypothese*: Als erstes beschreiben Sie, worum es in Ihrer Arbeit geht, also das Thema bzw. den Forschungsgegenstand. Mit Bezug auf die bisherige Forschung zum Thema, begründen Sie, weshalb es sich lohnt, sich mit dieser Frage zu befassen (Relevanz). Sie präsentieren Ihre Frage und/oder These/Hypothese. Bedenken Sie aber, dass es an dieser Stelle lediglich darum geht, Ihren Lesenden einen ersten Eindruck zu vermitteln, und nicht darum, den Hauptinhalt in seiner ganzen Breite darzustellen.

- *Ziel*: In wenigen Worten stellen Sie dar, was mit den aus Ihrer Arbeit gewonnenen Erkenntnissen gemacht wird bzw. gemacht werden könnte. Das kann einfach ein Beitrag zu einer Diskussion sein, aber auch die Grundlage für ein Vorhaben, das weit über den Rahmen Ihrer Arbeit hinausgeht und nicht von Ihnen allein bewältigt werden kann.

- *Abgrenzung*: Ob Sie Ihre Arbeit im Rahmen einer Ausbildung oder als Mitglied eines größeren Forschungsteams verfassen, Sie werden kaum das ganze Thema vollumfänglich bearbeiten können und müssen sich auf einen bestimmten Teilaspekt beschränken. Deshalb haben Sie Ihr Thema bereits im Exposé eingegrenzt, damit Sie es mit Ihren Ressourcen und Kompetenzen bewältigen können. Darüber setzen Sie die Lesenden ins Bild, zum Beispiel wenn Sie Ihre Frage oder These erläutern.

Diese Teile einer Einleitung sollen aber auch Sie immer wieder auf den Boden holen, wenn Sie beim Schreiben auf weiterführende Inhalte stoßen, über die Sie ebenfalls schreiben möchten. Bevor Sie dies tun, sollten Sie nochmals die ursprünglich verfasste Eingrenzung Ihres Themas anschauen und sich die Frage stellen, welchen Mehrwert eine Ausweitung des Themas bringt und worauf Sie unter Umständen verzichten könnten.

- *Inhaltsübersicht*: Die Einleitung dient auch dazu, den Lesenden einen Überblick zu vermitteln, was sie in den einzelnen Kapiteln erwartet. Beschreiben Sie also kurz die Inhalte der einzelnen Kapitel.

Zum Schluss noch zwei formale Aspekte zur Einleitung:

- *Länge*: Weil die Einleitung in erster Linie eine Orientierungshilfe ist, sollte sie nicht zu umfangreich sein. Es hängt jedoch auch von Ihrem Thema ab, wie ausführlich die Lesenden auf den Text vorbereitet werden müssen.
- *Begriffe und Abkürzungen*: Es kann sinnvoll sein, bereits in der Einleitung häufig verwendete Begriffe und Abkürzungen zu erklären.

Warum soll ich den Hauptteil nicht „Hauptteil" nennen?

Die vom Aufsatzschreiben bekannte Triade „Einleitung, Hauptteil, Schluss" beschreibt grob auch den Aufbau einer wissenschaftlichen Arbeit. Dieses Gerüst wird, wie oben dargestellt, noch verfeinert (z.B. IMRAD). Die Bezeichnung „Hauptteil" sollten Sie jedoch nicht als Überschrift verwenden. Besser ist ein sprechender Titel, der Bezug auf das Thema und den Hauptinhalt

Ihrer Arbeit nimmt. Sprechende Titel dienen der Leseführung und machen Ihre Arbeit attraktiver.

Wie strukturiere ich den Hauptteil?

Je nach Fach und den darin gepflegten Konventionen wird der Hauptteil anders strukturiert. Es gibt deshalb kein Patentrezept. Wer mit dem IMRAD-Schema oder einem ähnlich konventionalisierten Strukturschema arbeitet, muss sich daranhalten. Andernfalls wählen Sie eine Struktur, die Ihnen bei der Darstellung Ihrer Forschungsergebnisse hilft. Im Fach Geschichte mag das oft, aber nicht zwingend eine chronologische Darstellung sein. Im Fach Philosophie suchen Sie eine sinnvolle Anordnung von Argumenten zu einer These.

Die Struktur muss den Lesenden dabei helfen, zu verstehen, wie Sie Ihre Frage, These oder Hypothese beantworten. Weil der Aufbau des Textes eng mit der Fragestellung zusammenhängt, erweist sich die Suche nach einer geeigneten Struktur oftmals als große Herausforderung beim wissenschaftlichen Schreiben. Die Struktur ist nicht bloß eine Nebensache, sondern integraler Bestandteil, um Argumente und Ergebnisse nachvollziehbar präsentieren zu können.

Haben Sie Schwierigkeiten, eine geeignete Struktur zu finden, schauen Sie sich am besten andere Arbeiten in Ihrem Fach oder publizierte Texte an. Machen Sie eine kleine Strukturanalyse und finden Sie heraus, wie andere ihre Ergebnisse ordnen. Vielleicht finden Sie wiederkehrende Muster, die Sie nachahmen können (sofern sinnvoll für Ihre Arbeit).

Was ist der Unterschied zwischen der Diskussion und den Schlussfolgerungen?

In Vorgaben für die Gliederung von Bachelor- oder Masterarbeiten wird mitunter eine Unterscheidung zwischen Diskussion und Schlussfolgerungen verlangt.

Die Diskussion dient dazu, Erkenntnisse in Beziehung zu anderen Forschungen zu setzen, Gemeinsamkeiten und Unterschiede zu beleuchten. Sie können davon ausgehen, dass die Lesenden die Ergebnisse zur Kenntnis genommen haben, müssen diese also nur wiederholen, soweit dies für das Verständnis der Diskussion erforderlich ist. Bei komplexen Zusammenhängen kann es sinnvoll sein, die Struktur zur Darstellung der Ergebnisse ebenfalls für die Diskussion zu verwenden.

In den Schlussfolgerungen dagegen spannen Sie erneut den Bogen zurück zur Einleitung, rekapitulieren Ihr Vorhaben sowie die daraus gewonnenen Erkenntnisse und ziehen Bilanz in Bezug auf Ihre Ziele. Sie zeigen auf, ob die Fragestellung beantwortet werden kann, und weisen auf Einschränkungen, Lücken und weiterführende Forschungsfragen hin.

Was darf/muss in den Anhang?

Eine verbindliche Antwort auf die Frage, was in den Anhang darf oder muss, gibt es nicht. Möglicherweise finden Sie dazu Hinweise in den Vorgaben Ihrer Hochschule. Im Anhang können Sie Informationen ablegen, die im Haupttext fehl am Platz wären, aber trotzdem von Bedeutung sein könnten. Das können Rohdaten sein, der Fragebogen, eine Liste mit Analysekriterien u.Ä.

Zum Vertiefen

Kruse, Otto (2015): Lesen und Schreiben. Der richtige Umgang mit Texten im Studium. Konstanz: UVK Verlagsgesellschaft mbH.

Macgilchrist, Felicitas (2014): Academic Writing. Paderborn: Ferdinand Schöningh.

Hauptpunkte

- Konventionen für die Gliederung wissenschaftlicher Texte nützen sowohl den Schreibenden als auch den Lesenden. Ersteren hilft eine logische Struktur beim Denken und Schreiben, Letztere finden sich auf diese Weise auch in komplexen Texten leichter zurecht.
- Auch innerhalb der Kapitel sollte eine Struktur zu erkennen sein, die die Darstellung der Ergebnisse und Erkenntnisse unterstützt.
- Entlang eines roten Fadens führen Sie Ihre Lesenden durch den Text und ermöglichen diesen, Ihre Denkprozesse nachzuvollziehen. Ein roter Faden wird einerseits mit einer sinnvollen Abfolge der Inhalte und andererseits mit logischen Übergängen zwischen Kapiteln und Abschnitten erkennbar.
- Vergewissern Sie sich, dass Sie mit den Fachkonventionen vertraut sind und diese befolgen. Andere Texte können Ihnen helfen, Konventionen zu erkennen.
- Im Abstract beschreiben Sie mit 200 bis 300 Wörtern Ihr Thema, die Fragestellung, das Vorgehen, die Hauptergebnisse und die zentralen Schlussfolgerungen.

4 Schreiben und im Schreibfluss bleiben

Checkliste

4.1 Den Einstieg finden

- ☐ Wie komme ich vom Recherchieren und Lesen zum Schreiben?
- ☐ Mit welchem Kapitel soll ich beginnen?
- ☐ Wie bringe ich mein Wissen aufs Papier?
- ☐ Was ist eine Rohfassung?
- ☐ Wie schreibe ich eine Rohfassung?

4.2 Schreibfluss

- ☐ Wie komme ich in einen angenehmen Schreibfluss?
- ☐ Wie kann ich über längere Zeit im Schreibfluss bleiben?

4.3 Schreibroutinen

- ☐ Wie baue ich das Schreiben in den Alltag ein?
- ☐ Wie schaffe ich den Neustart nach einer Unterbrechung?

4.4 Schreibprobleme

- Wie finde ich wieder aus der Krise heraus?
- Soll ich Hilfe in Anspruch nehmen?

Einleitung

Wieder zuhause nach der Reise, möchten Sie den Reisebericht schreiben. Sie haben unterwegs sicherlich nicht nur fotografiert, sondern auch schriftliche Aufzeichnungen und Skizzen angefertigt. So blättern Sie nun in Ihrem Notizbuch, erinnern sich an Überlegungen und Beobachtungen und versuchen, sich wieder in die fremde Welt hineinzuversetzen.

Ob Sie zuerst den Aufbau des Berichts planen (z.B. entlang der Reiseroute oder nach spezifischen Themen) oder gleich drauflos schreiben, hängt von Ihrer Schreibstrategie ab. Unabhängig davon, kann es anspruchsvoll sein, den Einstieg zu finden und eine gewisse Zeit im Schreibfluss zu bleiben. Gut möglich, dass Sie beim Schreiben auch einmal ins Stocken geraten, plötzlich den Faden verlieren oder gar mit Selbstzweifeln kämpfen. Wir zeigen Ihnen, womit Sie beginnen können und wie Sie den Einstieg ins Schreiben finden. Sie lernen ein paar einfache Methoden kennen, wie Sie den ersten und auch die weiteren Sätze aufs leere Blatt bringen, in den Schreibfluss finden und darin bleiben.

Einen größeren Text zu schreiben, stellt für Sie vermutlich eine Ausnahmesituation dar. Sie müssen alltägliche Abläufe ändern und Zeitfenster finden, wann die Arbeit am besten von der Hand geht. Deshalb gehen wir auch auf Schreibroutinen ein.

4.1 Den Einstieg finden

Zu wissen, worüber man schreiben bzw. mit welchem Kapitel man beginnen will, dafür einen groben Plan zu kennen sowie allenfalls schon eine Idee für den ersten Satz zu haben, sind hervorragende Voraussetzungen, um leicht ins Schreiben zu kommen. Entlastend ist zudem, zuerst eine Rohfassung zu verfassen.

Dies befreit vom Druck, gleich im ersten Anlauf perfekt schreiben zu müssen.

Wie komme ich vom Recherchieren und Lesen zum Schreiben?

Überflüssige Frage, werden Sie denken, wenn Sie beim Bearbeiten der Literatur konsequent Exzerpte angefertigt haben. Sie haben ja dauernd geschrieben und schon viel Stoff für Ihre Arbeit zusammengetragen (vgl. Kap. 2). Doch mit dem „richtigen" Text zu beginnen, ist nochmals eine Sache für sich. Ihr persönlicher Arbeitsspeicher ist zum Bersten voll. Es gilt nun, dieses Wissen verständlich, in einer logischen Abfolge und nach wissenschaftlichen Kriterien niederzuschreiben.

Je nach Schreibstrategie (vgl. Kap. 1) legen Sie gleich los oder erstellen einen Plan. Dazu reicht vielleicht eine handschriftliche Aufstellung auf einem Schmierzettel. Um Ideen zu entwickeln, können Sie die bereits erwähnten kreativen Techniken (vgl. Kap. 2) anwenden, also zum Beispiel ein Cluster oder ein Akrostichon. Mit dem Auswählen und Ordnen der Stichworte ergibt sich der Aufbau des Kapitels.

Mit welchem Kapitel soll ich beginnen?

Gehen Sie gerne der Reihe nach, beginnen Sie mit der Einleitung und arbeiten Sie sich dann weiter vor von Kapitel zu Kapitel. Sie können auch gleich damit beginnen, Ihre Ergebnisse und/oder Argumente darzustellen. Das grobe Bild haben Sie vermutlich im Kopf. Das ist ein guter Plan, der auch Lustgewinn verspricht. Sie sollten aber die Ergebnisse und/oder Argumente vorerst noch nicht interpretieren. Erst einmal schreiben Sie auf, was Sache ist. So können Sie sich seriös auf deren Diskussion vorbereiten.

Eine ebenfalls empfehlenswerte Variante für den Einstieg ist die genaue Wiedergabe des „Reisewegs". Sie beginnen also mit dem Methodenteil und stellen dar, wie Sie zu Ihren Ergebnissen gelangt sind.

Wie bringe ich mein Wissen aufs Papier?

Will der Text nicht fließen, versuchen Sie es mal mit dem „automatischen Schreiben". Sie notieren einen Begriff, einen Satz oder eine Frage und schreiben dann während fünf oder zehn Minuten alles auf, was Ihnen dazu in den Sinn kommt. Ob die Worte und Sätze zusammenhängend und sinnvoll sind, spielt keine Rolle. Es geht nur darum, dass Sie schreiben und eine Rohfassung entsteht. In dieser kurzen Zeit fokussieren Sie sich aufs Schreiben. Sie beachten also den gerade entstehenden Text nicht und nehmen keine Korrekturen vor. Sie können in Ihrem Schreibprogramm die Überprüfung der Rechtschreibung ausschalten oder gar die Schriftfarbe auf Weiß stellen, um nicht abgelenkt zu werden.

Was ist eine Rohfassung?

In der Roh- oder Erstfassung bringen Sie Ihr Wissen ein erstes Mal aufs Papier. Diese erste Fassung werden Sie spätestens in der Überarbeitungsphase (vgl. Kap. 5) in mehreren Schritten überprüfen und bearbeiten. Die Rohfassung muss nicht perfekt sein. Sie können so Ihre Gedanken ohne Schere im Kopf entwickeln und auch Ideen notieren, die Sie noch überprüfen müssen.

Wie schreibe ich eine Rohfassung?

Wichtig ist, dass Sie beim Schreiben der Rohfassung zügig vorankommen. Das gelingt besser, wenn Sie den Vorwärtsdrang des Schreibens nicht mit Rückwärtsbewegungen zum Überarbeiten unterbrechen. Freilich hängt das von Ihrer Schreibstrategie ab. Haben Sie die Gewohnheit, den gerade entstehenden Text laufend zu überarbeiten, kann das den Schreibfluss immer wieder abbremsen. In diesem Fall sollten Sie vielleicht einmal die oben erwähnte Technik des automatischen Schreibens ausprobieren.

Eine Rohfassung zu schreiben, bedeutet auch, dass der Text nur gerade soweit formatiert wird, dass Überschriften, Aufzählungen und allenfalls Tabellen vom Lauftext unterscheidbar sind. Eine minimal formatierte Textdatei mit Formatvorlagen für die Überschriften reicht. In der Gliederungsansicht können Sie ganze Textblöcke einfach verschieben. Die inhaltlich und sprachlich überarbeitete Rohfassung können Sie später in eine Dokumentvorlage kopieren und in einem Zug einheitlich gestalten.

4.2 Schreibfluss

Wie im Sport kann sich unter guten Bedingungen auch beim Schreiben das Gefühl eines „Flow" einstellen; man kommt scheinbar ohne Anstrengung voran.

Wie komme ich in einen angenehmen Schreibfluss?

Das funktioniert wie mit dem Aufwärmen vor dem Training. Sie beginnen mit ein paar Lockerungsübungen, rennen in moderatem Tempo los, um nach und nach schneller zu werden. Fürs Schreiben gibt es eine ganze Reihe von Aufwärmübungen, allein oder gemeinsam mit anderen:

- Automatisches Schreiben (siehe oben)
- Assoziationen mit alphabetischen Listen oder Akrostichon (vgl. Kap. 2)
- Stummer Dialog (handschriftlich auf einem Blatt oder als Chat): Sie schreiben einen Satz, worauf eine andere Person mit einem nächsten Satz reagiert. Das lässt sich beliebig wiederholen.

Ziel dieser Übungen ist nicht, sinnvolle Texte zu schreiben. Sie sollen auf Betriebstemperatur kommen.

Wie kann ich über längere Zeit im Schreibfluss bleiben?

Können Sie mit Ihrer Schreibstrategie (vgl. Kap. 1) nicht einfach drauflos schreiben, hilft vielleicht Folgendes:

- *Ziel*: Sie legen fest, wie lange und wie viele Wörter Sie in der nächsten Schreibsitzung schreiben möchten. Probieren Sie, ob Ihnen kurze oder lange Schreibsitzungen besser zusagen.
- *Planung*: Sie überlegen im Voraus, worüber Sie im geplanten Zeitfenster schreiben wollen, wie der Text aufgebaut

sein soll (roter Faden) und welche Unterlagen (Zitate, Zusammenfassungen) dazu erforderlich sind.

- *Schreiblust*: Sorgen Sie für Bedingungen, welche die Schreiblust fördern. Dazu gehören der Arbeitsplatz, das bevorzugte Schreibgerät, Voraussetzungen für das leibliche Wohl (Getränke), Ruhe oder die passende Begleitmusik.
- *Eine Portion Frechheit*: Mit den AdressatInnen des Textes im Hinterkopf zu schreiben, kann hilfreich sein, mitunter aber auch blockieren. Schreiben Sie vorerst für sich, ohne Rücksicht auf Verluste. Vielleicht geraten Sie damit sogar in einen echten Schreibrausch.

4.3 Schreibroutinen

Schreiben Sie einen umfangreichen Text, sollten Sie

- ein paar Wochen oder Monate über die nötigen Voraussetzungen fürs Schreiben verfügen,
- über Schreibroutinen verfügen und
- ein paar Techniken kennen, um nach Schreibpausen wieder den Einstieg zu finden.

Wie baue ich das Schreiben in den Alltag ein?

Dass Sie über eine angenehme, anregende Infrastruktur verfügen sollten, daheim, in der Bibliothek oder in der S-Bahn, wurde oben bereits erwähnt. Wichtig sind unter anderem die Höhe des Tisches, ein ergonomischer Stuhl, ausreichend Platz für Bücher und Unterlagen, Vertrautheit mit dem Computer und einem Textverarbeitungsprogramm, ein angenehmes Raumklima, ein Fenster, damit sich Ihre Augen vom Bildschirm erholen können, Abschirmung von Geräuschen und Bewegungen in der Umgebung. Ob Sie mit Hintergrundmusik besser schreiben, hängt von Ihren Gewohnheiten ab.

Um ein großes Schreibprojekt nach Zeitplan durchzustehen, benötigen Sie neben Arbeitsperioden mit höherer und geringerer Intensität zudem Erholungspausen. Eine Bachelor- oder Masterarbeit führt nicht bei allen zu leidenschaftlichem Schreiben. Eher wird sie eine Zeit lang andere Leidenschaften verdrängen.

Sie müssen sich zuerst ans Schreiben gewöhnen, und zwar auch physisch. Schreiben über längere Zeit kann für die Augen, den Nacken, die Hände oder den Rücken belastend sein. Achten Sie also auf Ihren Körper. Verharren Sie nicht immer in der gleichen Sitzhaltung. Stehen Sie zwischendurch auf, machen Sie ein paar Schritte.

So konsequent Sie Aufgaben sowie Ziele definieren und den Fortschritt kontrollieren, so regelmäßig müssen Sie sich Erholungspausen und Belohnungen für erreichte Ziele gönnen. Konkrete Ratschläge dazu vermittelt Wymann (2015) in seinem Buch zum Schreibzeitplan.

Wie schaffe ich den Neustart nach einer Unterbrechung?

Ernest Hemingway soll jeweils am Schluss einer Schreibsitzung und vor dem Gang zur Bar mitten in einem Satz zu schreiben aufgehört haben, um so am anderen Tag trotz schwerem Kopf gleich wieder einsteigen zu können. Das funktioniert auch ohne Kater. Sie können auch einfach am Schluss einer Schreibsitzung notieren, womit Sie nächstes Mal fortfahren.

Der Neubeginn fällt leichter, wenn Sie sich zuerst etwas aufwärmen (siehe oben) und dem Gehirn signalisieren, dass es sich nicht wehren oder gar eine Flucht auslösen muss. Mit ein paar Stichworten zeigen Sie dem Gehirn, dass Sie sich auf bekanntem Terrain befinden. Als Dank sucht dieses in seinem riesigen Netzwerk nach Verbindungen und ähnlichen Inhalten, schickt Einfälle und Assoziationen in den persönlichen Arbeitsspeicher. Jetzt ist es bereit, mit Ihnen den für diesen Tag geplanten Text zu bearbeiten.

4.4 Schreibprobleme

Ein Spaziergang. Etwas lesen. Einen Kaffee trinken. Die meisten Schreibenden haben ein Rezept, um rasch wieder zum Schreiben zu finden. Aber Patentrezepte gibt es nicht. Deshalb sollten Sie Schreibprobleme mit System angehen.

Wie finde ich wieder aus der Krise heraus?

Sie können sich selbst helfen oder fremde Hilfe in Anspruch nehmen. Bevor Sie etwas unternehmen, sollten Sie die Lage beurteilen. Was hat die Krise ausgelöst? Welches sind die Symptome? Was wäre der nächste Schritt in Ihrem Schreibprojekt?

Spüren Sie gerade ein dumpfes Leiden oder ein Gefühl der Sinnlosigkeit, sind diese Fragen schwierig zu beantworten oder unwillkommen. Es ist aber ein erster Schritt, um aus der unangenehmen Situation herauszufinden. Vielleicht springt Sie bereits ein erster rettender Gedanke an. Notieren Sie ihn, fahren Sie jedoch trotzdem weiter fort, die Situation abzuklären. Sie wollen nicht nur Symptome bekämpfen, sondern die Ursachen der Probleme erkennen, zum Beispiel:

- inhaltliche Fragen bzw. Überforderung (Thema, Fragestellung, Abgrenzung),
- fehlendes oder unscharfes Konzept für das Kapitel, Unterkapitel oder den Abschnitt, den Sie gerade verfassen wollen,
- ungünstige Rahmenbedingungen,
- Verunsicherung aufgrund der Anforderung, wissenschaftlich zu schreiben,
- Sprachprobleme (z.B. wenn die Arbeit in einer Fremdsprache verfasst werden muss),
- Lese- und Rechtschreibschwächen (Legasthenie, Dyslexie)

Vielleicht gehen Ihre Schreibprobleme auf tiefer liegende persönliche Probleme zurück (Studium, Beziehung, Finanzen, Ängste). Mehr als der Hinweis, entsprechende Beratungsangebote wahrzunehmen, würde hier zu weit vom Thema wegführen.

Bevor Sie konkrete Schritte planen, versuchen Sie sich zu erinnern, ob Sie ähnliche Schreibprobleme schon einmal erlebt haben, welches damals die Symptome, Auslöser und Ursachen waren und wie Sie schließlich wieder zum Schreiben fanden. Sie benötigen eine Ihrer Situation entsprechende Maßnahme. Diese könnte wie folgt aussehen:

- *Arbeit unterbrechen*: Bei einem momentanen Stimmungstief oder anderen eher harmlosen Ursachen reichen vielleicht eine kurze Unterbrechung und eine Abwechslung.
- *Schreibroutinen ändern*: Treten Anlaufschwierigkeiten chronisch auf, denken Sie über Ihre Schreibroutinen nach. Kurze Übungen zum Aufwärmen, machbare Ziele für die nächste Schreibsitzung oder Rituale vor dem Beginn können den Knoten lösen. Zehn Minuten lang zu einem Begriff ohne besonderen Ehrgeiz (automatisch) drauflos zu schreiben, kann Wunder wirken.
- *Störquellen* lassen sich nicht immer ausschalten. Liegt das aber in Ihrer Macht, dann tun Sie das. Andernfalls stellt sich die Frage, ob Sie sich damit abfinden können, zu anderen Zeiten zu schreiben oder die Schreibumgebung zu wechseln.
- *Systematisch vorgehen*: Will es nicht gelingen, die vielen Informationen in vernünftiger Form aufs Papier zu bringen, führen Sie konsequent die Grundbewegungen des Schreibens aus: Ideen sammeln, notieren, auswählen, nach Kategorien sortieren und gliedern. Dann schreiben Sie mithilfe dieses Rasters.
- *Sprechen statt schreiben*: Fällt Ihnen schriftliches Formulieren schwer, versuchen Sie, die Inhalte zuerst zu erzählen, einer anderen Person oder einem Aufnahmegerät. Befriedigt das Ergebnis, schreiben Sie den gesprochenen Text auf. Sie können diesen später überarbeiten.

Soll ich Hilfe in Anspruch nehmen?

Unbedingt, wenn es nicht gelingt, selbstständig wieder aus der Krise herauszufinden. Dozierende, Betreuungspersonen, die Schreibberatung oder Mitstudierende sind sicher die ersten Adressen. Bedenken Sie aber, dass Sie in einer Beratung ebenfalls zur Problemlösung beitragen müssen. Bereiten Sie sich auf ein solches Gespräch anhand der oben dargestellten Fragen vor.

Bei Lese- und Rechtschreibschwächen oder psychischen Problemen sollten Sie sich nicht scheuen, fachliche Hilfe in Anspruch zu nehmen. Auskunft erhalten Sie bei der Beratungsstelle Ihrer Hochschule.

Zum Vertiefen

Esselborn-Krumbiegel, Helga (2015): Tipps und Tricks bei Schreibblockaden. Paderborn: Ferdinand Schöningh.

Scheuermann, Ulrike (2016): Schreibdenken. Schreiben als Denk- und Lernwerkzeug nutzen und vermitteln. Opladen/Toronto: Verlag Barbara Budrich.

Hauptpunkte

- Beginnt nach der langen Phase des Recherchierens oder Forschens endlich die Schreibphase, gelingt der Einstieg mit einem Plan womöglich besser.
- Sie müssen nicht zwingend mit der Einleitung beginnen. Sie können sich auch zuerst ein Kapitel vornehmen, das Ihnen besonders liegt, oder das methodische Vorgehen beschreiben.
- Schreiben Sie zuerst eine Rohfassung. Sie können diese immer wieder überarbeiten bzw. ins Reine schreiben.
- Sie finden besser in den Schreibfluss, wenn Sie vorher mit einer Aufwärmübung versuchen, auf Betriebstemperatur zu kommen.
- Sie bleiben im Schreibfluss, wenn Sie sich für die einzelnen Schreibsitzungen machbare Ziele setzen, für angenehme Bedingungen sorgen, sich an eine gewisse Regelmäßigkeit (Schreibroutinen) gewöhnen und sich erholen und belohnen.
- Bei Schreibproblemen können Sie nicht einfach Symptome bekämpfen, schon gar nicht mit Patentrezepten. Analysieren Sie die Probleme zuerst systematisch. Das ist manchmal schon ein Teil der Lösung und bildet die Grundlage für ein Beratungsgespräch, wenn Sie fremde Hilfe in Anspruch nehmen möchten.

5 Überarbeiten und korrigieren

Checkliste

5.1 Inhalt und Aufbau

- ☐ Hat mein Text einen informativen Titel?
- ☐ Ist alles drin, was mein Publikum lesen soll?
- ☐ Entspricht der Aufbau dem Inhalt?
- ☐ Sind die Überschriften aussagekräftig?

5.2 Aussagen wiedergeben, Referenzen und Wissenschaftssprache

- ☐ Wer macht welche Aussage?
- ☐ Ist jede fremde Aussage mit einer Referenz versehen?
- ☐ Bin ich nicht in die Plagiatsfalle getappt?
- ☐ Passen die Referenzen?
- ☐ Stimmen die Wiedergabeformeln?
- ☐ Sind „Hedges" hoch genug und „Boosters" angemessen?
- ☐ Wie erscheine ich im Text?

- ☐ Ist die Rolle der schreibenden Person immer klar?
- ☐ Stimmen die Fachbegriffe?
- ☐ Geht es nicht auch ohne Jargon?
- ☐ Passen die Metaphern?
- ☐ Bleibe ich sachlich?

5.3 Standardsprache

- ☐ Wird das Zielpublikum den Text verstehen?
- ☐ Begleite ich die Lesenden durch den Text?
- ☐ Soll ich im Aktiv oder im Passiv schreiben?
- ☐ Benötige ich alle Wörter, die ich geschrieben habe?
- ☐ Entspricht mein Text der Rechtschreibung?
- ☐ Wer korrigiert meinen Text vor der Abgabe oder Publikation?

5.4 Formalia

- ☐ Sind meine Referenzen einheitlich und stimmen sie mit dem Literaturverzeichnis überein?
- ☐ Stimmen Beschriftungen und Nummerierungen?

5.5 Gestaltung

- ☐ Welche Gestaltungsvorgaben muss ich einhalten?
- ☐ Sind die Gestaltungselemente richtig dosiert?
- ☐ Sind Hervorhebungen gut sichtbar, aber nicht störend?

Einleitung

Wenn Sie dieses Kapitel anschauen, haben Sie in Ihrem Schreibzeitplan eine Phase für das Überarbeiten Ihres Schreibprojekts eingeplant – oder Sie erwägen, dies mindestens zu tun. Vermutlich reicht Ihnen auch das Wasser noch nicht bis zum Hals. Es bleibt ausreichend Zeit bis zum Abgabetermin, um dem Text den nötigen Schliff zu geben. Reservieren Sie rund ein Drittel oder mehr der Gesamtzeit fürs Überarbeiten, dann planen Sie realistisch. Wir zeigen Ihnen, wie Sie die Qualität Ihres Textes in dieser Zeit schrittweise verbessern können. Je nach Vorgehensweise oder Zeitbudget durchlaufen Sie die Überarbeitsphase einmal an einem Stück oder aber mehrere Male in Teilstücken mit Unterbrechung durch andere Prozessphasen.

Überarbeiten Sie die verschiedenen Aspekte Schritt für Schritt, können Sie sich besser auf diese fokussieren. Versuchen Sie hingegen, alles auf einmal durchzusehen, werden Sie Fehler und Ungereimtheiten übersehen. Schrittweises Vorgehen lohnt sich, wenn Sie die Arbeit sauber und effizient machen wollen. Dass Sie dabei ab und an einen kleinen Fehler korrigieren, der nicht zum aktuellen Überarbeitungsaspekt gehört, ist normal. Korrigieren Sie ihn und fokussieren Sie sich erneut auf die Aufgabe.

Noch etwas zur Reihenfolge der Überarbeitungsaspekte: Obwohl alle gleich wichtig sind, beginnen wir mit jenen, die zuerst abgearbeitet werden sollten, und gehen über zu jenen, die Sie sinnvollerweise erst gegen Ende beachten. Es ist wesentlich effizienter, zuerst den Inhalt und die Struktur zu überarbeiten und sich erst später um Formales zu kümmern. Mit der umgekehrten Reihenfolge riskieren Sie, Ihre Zeit mit Kleinigkeiten zu verschwenden. So müssten zum Beispiel Textformatierungen durch eine Neustrukturierung des Textes oder eine inhaltliche Neuformulierung abermals verändert oder gelöscht werden. Die Devise lautet also: vom Großen ins Kleine.

Bleibt nicht mehr so viel Zeit fürs Überarbeiten wie geplant, müssen Sie Prioritäten setzen. Anstatt alles Mögliche auf einmal zu erledigen, sollten Sie sich auch in einem solchen (Not-)Fall kurz Zeit nehmen, um zu planen. Entscheiden Sie, welche Aspekte Sie unbedingt ansehen sollten und welche weniger dringend sind. Dabei könnte es sich lohnen, wenn Sie nochmals in den Vorgaben oder den Reglementen nachschauen, welche Prioritäten dort gesetzt werden.

Möglicherweise enthalten die Vorgaben auch eine Liste der Kriterien, nach denen Ihre Arbeit beurteilt wird. Sie können diese Kriterien als Checkliste für die Planung der verschiedenen

Überarbeitungsschritte verwenden und daraus möglicherweise ablesen, welche Aspekte bei der Beurteilung der Arbeit höher gewichtet werden als andere. Im Notfall konzentrieren Sie sich darauf. Unlogische Schlussfolgerungen zählen mehr als ein paar Patzer bei der Formatierung.

5.1 Inhalt und Aufbau

Mit Ihrem Text wollen Sie ein Thema, ein Problem oder eine These für andere aufbereiten und präsentieren. Deshalb macht es Sinn, die Überarbeitung damit zu beginnen, Inhalt und Aufbau zu überprüfen.

Hat mein Text einen informativen Titel?

Damit die Lesenden einen ersten Hinweis erhalten, was sie erwartet, formulieren Sie einen ein- oder zweiteiligen Titel (Haupt- und Untertitel). Im Fall des zweiteiligen Titels darf der Haupttitel allgemeiner formuliert sein, während der Untertitel genauere Informationen liefert („Totentanz im Regenwald: Ethnohistorische Untersuchungen der Tanzrituale bei den XY"). Der Titel kann

- beschreibend sein („Neurobiologie und der Begriff des Geistes bei ZW"),
- die Ergebnisse vorwegnehmen („Vögel reagieren mit X bei Behandlung mit Y") oder
- als Frage („Wie reagieren Vögel bei der Behandlung mit Y?") formuliert sein.

Für welche Version Sie sich entscheiden – sofern der Titel Ihres Textes nicht vorgegeben ist –, hängt von den Konventionen in Ihrem Fach ab. Halten Sie sich an Regeln oder Konventionen. Es lohnt sich nicht, der Originalität Willen einen ausgefallenen oder lustigen Titel zu wählen. Gehen Sie auf Nummer sicher, damit Sie Ihre Betreuungsperson oder Lesenden nicht abschrecken.

Ist alles drin, was mein Publikum lesen soll?

Der Text sollte alles enthalten, was zur Beantwortung der eingangs gestellten Frage oder postulierten These beiträgt, aber auch nichts darüber hinaus, was keinen Beitrag leistet. Überprüfen Sie, ob die Informationen vollständig, richtig und dem Zielpublikum entsprechend aufbereitet sind. Hierzu müssen Sie abschätzen, über welches Wissen Ihr Publikum bereits verfügt und welche Informationen darüber hinaus nötigt sind. ExpertInnen Ihres Fachgebiets müssen Sie den Inhalt anders präsentieren als einem breiten Fachpublikum.

Entspricht der Aufbau dem Inhalt?

Die Textstruktur soll den Lesenden helfen, den Inhalt auf eine bestimmte Art zu verstehen. Ihre „Forschungsgeschichte" muss kohärent und klar sein. Bereits im Inhaltsverzeichnis sollten die Struktur und Ihre Geschichte erkennbar sein.

Wie der Inhalt angemessen gegliedert wird, hängt unter anderem von den Vorgaben ab. In den Naturwissenschaften, der Medizin oder auch der Psychologie ist das IMRAD-Schema üblich. Müssen Sie die Textstruktur, abgesehen von Einleitung und Schluss(folgerung), selbst definieren, sollte sie der Inhaltspräsentation dienlich sein. Die Textsorte kann eng mit der Textstruktur verknüpft sein. Ein Essay wird anders strukturiert als eine Hausarbeit oder ein Protokoll. Falls Sie unsicher sind, machen Sie sich über die Grundzüge der Textsorte schlau (vgl. Kap. 3).

Sind die Überschriften aussagekräftig?

Aussagekräftige Kapitelüberschriften und Überschriften innerhalb eines Kapitels dienen in erster Linie als Orientierungshilfen in einem Text. Verraten Sie also in den Überschriften etwas über den (Unter-)Kapitelinhalt. Bleiben Sie aber trotzdem bei kurzen, knackigen Überschriften. Verfügen Sie über klare Vorgaben wie beim IMRAD-Schema, folgen Sie diesen. Lesen Sie im Zweifelsfall in anderen Texten derselben Textsorte Ihres Faches nach, wie Überschriften gewählt werden.

5.2 Aussagen wiedergeben, Referenzen und Wissenschaftssprache

Um die Zusammenarbeit in der Gemeinschaft der Forschenden zu erleichtern, müssen Sie sich an bestimmte Konventionen halten. Diese betreffen die Art und Weise, wie in wissenschaftlichen Texten mit fremden Aussagen umgegangen wird. Deshalb müssen Sie überprüfen, wie Sie Aussagen anderer aufführen, mit Referenzen versehen und wie Sie das Ganze wissenschaftssprachlich verpacken.

Wer macht welche Aussage?

Egal in welcher Disziplin Sie studieren oder forschen, Sie werden in Ihrem Text Aussagen von anderen Forschenden verwenden. Sie machen das, indem Sie Aussagen anderer paraphrasieren, also indirekt in eigenen Worten wiedergeben, oder in Form direkter Zitate, mit denen Sie eine Aussage im Original präsentieren. Wie Sie auch vorgehen, es muss für die Lesenden stets erkennbar sein, von wem welche Aussage stammt: Sagen Sie das, sagt es jemand anderes oder handelt es sich um Allgemeinwissen, das keine Referenz erfordert?

Noch zwei Hinweise zu direkten Zitaten: Fragen Sie sich erstens bei jedem direkten Zitat – im Fließtext oder als eingeschobener Block –, ob Sie den Inhalt selbst in eigenen Worten wiedergeben können. Nur wenn Sie eine Aussage nicht besser als die Autorin oder der Autor sagen können, sollten Sie sie im Original zitieren. Dabei sollte das Zitat nur das enthalten, was Sie benötigen, um Ihre Aussage zu untermauern. Mit dieser simplen Frage verhindern Sie, dass Ihr Fließtext durch lange Zitate unterbrochen wird. Wenn Sie direkt zitieren, dann müssen Sie zweitens das Zitat vorher oder nachher kommentieren, damit die Lesenden dessen Bedeutung verstehen.

Ist jede fremde Aussage mit einer Referenz versehen?

Vergewissern Sie sich, dass jede fremde Aussage auch eine entsprechende Referenz erhält. Wenn Sie beim Entwerfen des Textes penibel jede Referenz erfasst haben, können Sie nun schauen, welche davon überflüssig sind oder mit einem Platzhalter wie „ebd.", „ibid." o.Ä. ersetzt werden können (abhängig von Fachkonventionen oder Zitierstil). Bei diesen abgekürzten Referenzen muss klar sein, worauf sie sich beziehen.

Bin ich nicht in die Plagiatsfalle getappt?

Sie haben nach bestem Wissen und Gewissen spezifische Begriffe und fremde Aussagen korrekt zitiert, paraphrasiert und referiert. Trotzdem möchten Sie nicht – unabsichtlich – in die Plagiatsfalle tappen. Vielleicht haben Sie von AutorInnen gehört, die nicht wegen böser Absichten in Schwierigkeiten gerieten, sondern weil sie unsorgfältig arbeiteten.

Beim mehrfachen Durchlesen Ihrer Arbeit sollten Ihnen verdächtige Stellen auffallen. Es muss erkennbar sein, welche Erkenntnisse von Dritten und welche von Ihnen stammen. Haben Sie die Arbeit zu zweit verfasst, machen Sie sich gegenseitig auf problematische Referenzen oder auffällige Stellen (Änderungen im Schreibstil, Brüche im Textverlauf etc.) aufmerksam.

Und wenn man einfach den ganzen Text von einer Software überprüfen ließe? Es gibt verschiedene Anbieter im Internet. Die Forschenden des Projekts zur Plagiatsprävention der Uni Konstanz warnen vor der „Scheinsicherheit", weil solche Programme viele Inhalte gar nicht erfassen können. Angesichts der Kosten und des Zeitaufwands wird empfohlen, Zitierfehler besser schon beim Schreiben zu vermeiden (Schäfer 2015).

Passen die Referenzen?

Referenzen können auf zwei verschiedene Arten präsentiert werden: als Bestandteil einer Aussage oder als Beiwerk (integrale versus nicht-integrale Referenz). Ersteres machen Sie, indem Sie typische Wiedergabeformeln verwenden (siehe die nächste Frage unten). Als Beispiel:

- integral: „Müller (2010) zeigt auf, wie X zu Y wird."
- nicht-integral: „X wird zu Y, wenn... (Müller 2010)."

Für welche Art Sie sich jeweils entscheiden, hängt davon ab, mit welchem Schwerpunkt Sie Informationen und Aussagen darstellen möchten. Geht es Ihnen um die Information als solche oder fassen Sie mehrere Forschungen zusammen, verwenden Sie die nicht-integrale Referierform. Wollen Sie betonen, wer genau eine Aussage macht, referieren Sie integral. Beachten Sie, dass es zur Verwendung dieser Formen Fachkonventionen gibt (vgl. Kruse 2007: 73 ff.).

Stimmen die Wiedergabeformeln?

Ist klar, wer welche Aussage macht und woher die Information kommt, können Sie überprüfen, auf welche Weise Sie Aussagen wiedergeben. Hierbei dürfen und sollen Sie – im Gegensatz zur Verwendung von Fachbegriffen – variieren. Einerseits wird der Text lebendiger. Andererseits haben Sie damit die Mittel, um fremde Aussagen neutral, zustimmend, kritisch oder gar ablehnend darzustellen.

Beim Paraphrasieren verwenden Sie sogenannte Wiedergabeformeln (engl. „reporting verbs"), um kenntlich zu machen, welche Aussage von wem stammt und was AutorInnen in ihren Texten tun. Überprüfen Sie also, wie Sie Verben und Ausdrücke für fremde Aussagen verwenden:

- *neutral*: sagen, darstellen, zeigen, diskutieren u.a. („Müller (2010) sagt, dass ...")
- *kritisch*: behaupten, glauben, meinen u.a. („Meier et al. (2014) behaupten, dass ...")
- *zustimmend*: überzeugend zeigen, beweisen u.a. („Während Müller und Meier (2013) überzeugend zeigen, wie ..., weisen Peters et al. (2009) darauf hin, dass ...")
- *ablehnend*: zu Unrecht, mangelhaft darlegen u.a. („Peters et al. (2009) legten in ihrer ersten Studie nur mangelhaft dar, inwiefern ...")

Erscheint Ihnen das zu abstrakt, durchsuchen Sie Ihre Quellen, wie darin über andere Forschungen und Aussagen berichtet wird. Dann erkennen Sie im eigenen Text womöglich besser, an welchen Stellen Sie den falschen Ton angeschlagen haben (zu harsche Kritik), wo Sie noch deutlicher sein könnten oder wo eine Kritik angebracht wäre.

Sind „Hedges" hoch genug und „Boosters" angemessen?

Wir haben angedeutet, wie Sie Aussagen bewerten können (zu Unrecht, mangelhaft u.a.). Diese gehören je nach Bedeutung zu den Hecken- oder Verstärkerausdrücken (engl. „hedges" und „boosters"). Beide Ausdrucksarten prägen den Ton Ihres Textes: Relativieren Sie zu oft, klingt Ihr Text unsicher, schwammig oder gar unglaubwürdig („Man könnte versucht sein, zu behaupten, dass vielleicht in gewissen Fällen ..."). Verstärken Sie hingegen zu stark, wirkt Ihr Text zu arrogant und absolut. Bei der Überarbeitung haben Sie deshalb die Gelegenheit, zu überprüfen, an welchen Stellen Hecken- und Verstärkerausdrücke verändert, hinzugefügt oder entfernt werden sollten.

Wie erscheine ich im Text?

Wissenschaftliche Texte werden zwar stets von Menschen geschrieben, was aber nicht heißt, dass AutorInnen direkt als solche darin auftauchen. Überprüfen Sie deshalb, wie Sie als AutorIn im Text erscheinen, das heißt, wie Sie auf sich selbst verweisen (z.B. ich, wir, man, „diese Arbeit" oder in Passivsätzen ohne Subjekt; vgl. Kruse 2010: 142-144; Wymann 2016: 85ff.). Gehen Sie auf Nummer sicher und überprüfen Sie nochmals, ob Sie diesbezüglich bestimmten Vorgaben folgen müssen. Entscheiden Sie sich für ausgewählte Formen der Selbstreferenz und gebrauchen Sie diese einheitlich, um die Lesenden nicht zu verwirren.

Ist die Rolle der schreibenden Person immer klar?

Überprüfen Sie, in welcher Rolle Sie im Text erscheinen (Steinhoff 2007):

- Forschende, die Resultate präsentieren oder Argumente entwickeln;
- AutorInnen, die auf einer Metaebene im Text über den Text sprechen (Hinweise zur Leseführung);

- Erzählende, die eine Geschichte über die Forschung schreiben.

Die Rolle der Erzählenden ist je nach Text oder Fach unangemessen oder unerwünscht. Falls Sie eine erzählende Passage in Ihrem Text finden, überprüfen Sie, ob die Informationen tatsächlich wichtig sind und, falls ja, wie Sie sie anders einbauen können. Wird jedoch von Ihnen verlangt, dass Sie einen Reflexionsteil in Ihren Text integrieren, in dem Sie beispielsweise über den Forschungsprozess nachdenken, dann überprüfen Sie, wie Sie das auf sachliche Art machen können.

Stimmen die Fachbegriffe?

Schreiben Sie wissenschaftlich, werden Sie Fachbegriffe verwenden müssen. Fachbegriffe zeichnen sich dadurch aus, dass sie definiert werden, also nicht zufällige Wörter darstellen. In dieser Überarbeitungsphase sollten Sie kontrollieren, ob und wie genau Sie alle Begriffe definiert haben, die für Ihre Arbeit zentral sind. Weicht beispielsweise Ihr Begriffsverständnis von dem anderer Forschenden ab, müssen Sie das klarstellen. Auch hier sind natürlich Referenzen von großer Bedeutung, falls eine Definition nicht ausschließlich von Ihnen stammt.

Überprüfen Sie außerdem, ob Sie stets denselben Fachbegriff verwenden, wenn Sie über den entsprechenden Sachverhalt schreiben. Wissenschaftliche Texte müssen nicht unterhalten, sondern präzise sein.

Geht es nicht auch ohne Jargon?

Jargon entsteht, wenn Sie Fachbegriffe und Fremdwörter verwenden, die dem Inhalt oder Fach nicht angemessen sind. Meistens können diese mit einfacheren Wörtern ersetzt werden, so dass der Text klarer wird. Jargon bauscht Aussagen unnötig auf. Bemühen Sie sich lieber um Fachbegriffe, die Sie für Ihre Forschung tatsächlich benötigen.

Passen die Metaphern?

Metaphern werden nicht etwa nur in den Geisteswissenschaften eingesetzt, sondern gehören in jeder Disziplin zum Grundwortschatz. Es hängt jedoch davon ab, wie Sie Metaphern einsetzen und ob sie für den jeweiligen Text angemessen sind. Metaphern können am Ziel vorbeischießen – auch das ist eine Metapher –, wenn Sie aus einem unpassenden Kontext genommen werden oder bereits alt und verbraucht sind. Lesen Sie in einem sozialwissenschaftlichen Text mehrmals die Fußball-Metapher „Steilvorlage", wenn es um Argumente und Theorien geht, kann das befremdlich wirken.

Bleibe ich sachlich?

Welche der eben genannten Elemente der Wissenschaftssprache Sie auch verwenden, letztlich sollte Ihr Text sachlich und neutral zu lesen sein. Er sollte keine subjektiven Verzerrungen wie Meinungen und Überzeugungen, sprachliche Übertreibungen oder Ungenauigkeiten und andere, nicht sachlich begründbare Dinge enthalten (abgesehen von maßvoll eingesetzten Hecken- und Verstärkerausdrücken). In wissenschaftlichen Texten geht es darum, über Forschungsresultate zu informieren und mit anderen Forschungen in ein schriftliches Gespräch zu treten, nicht um Unterhaltung oder die Darstellung persönlicher Ansichten.

5.3 Standardsprache

Bestünden wissenschaftliche Texte nur aus Wissenschaftssprache, wären sie kaum lesbar. Vielmehr ergänzen wir standardsprachliche Texte so, dass sie den wissenschaftlichen Kriterien im jeweiligen Fachgebiet entsprechen. Deshalb sollte ein Überarbeitungsdurchgang zwingend Aspekten wie Schreibstil, Verständlichkeit, Grammatik, Rechtschreibung und Zeichensetzung gewidmet sein.

Wird das Zielpublikum den Text verstehen?

Ob Ihr Schreibstil der Textsorte, dem Zweck des Textes und dem Lesepublikum angemessen ist, hängt von der Disziplin oder sogar der Forschungsgemeinschaft ab. Das finden Sie heraus, indem Sie Publikationen in Ihrem Fach oder Ihrem Forschungsgebiet mit Blick auf den Stil anschauen. Das gilt auch für den Umgang mit Metaphern, Fachbegriffen und anderen Sprachelementen.

Begleite ich die Lesenden durch den Text?

Neben einer gut erkennbaren Struktur mit Titeln und Untertiteln, können Sie mit sprachlichen Mitteln dazu beitragen, dass die Lesenden den roten Faden nicht verlieren. Prüfen Sie, ob Ihr Text Ausdrücke zur Leseführung enthält (einerseits/andererseits; erstens, zweitens etc.; „Wie im letzten Kapitel gezeigt" u.Ä.). Diese sorgen innerhalb eines Satzes oder Absatzes für Ordnung und erlauben es, Informationen strukturierter aufzunehmen. Mit Übergängen zwischen den Kapiteln helfen Sie den Lesenden, die Orientierung zu behalten. Übergänge können Sie entweder am Ende eines Kapitels oder als Einleitung des nächsten einfügen.

Soll ich im Aktiv oder im Passiv schreiben?

Aktiv liest sich einfacher als passiv. Stilratgeber fordern dazu auf, den Schwerpunkt auf aktive Sätze zu legen (z.B. Schneider 2011). Wissenschaft wird jedoch noch immer mit passiven Sätzen in Verbindung gebracht. Diese sollen die Sachlichkeit und Distanziertheit verdeutlichen. Ob Sie mehr aktiv oder passiv schreiben, hängt von verschiedenen Faktoren ab:

- *Fachkonventionen*: Es gibt Fächer, die das eine oder andere vorziehen.
- *Zielpublikum*: Überlegen Sie sich, welche Lesegewohnheiten und Erwartungen Ihr Publikum hat.
- *Vorgaben*: Wenn Ihnen die Vorgaben explizit sagen, dass Sie vorwiegend im Passiv oder im Aktiv zu schreiben haben, dann tun Sie das.

- *Selbstreferenz im Text*: Abhängig von der Wahl, wie Sie als AutorIn im Text erscheinen, werden Sie diesen aktiver oder passiver formulieren.

Überprüfen Sie, wie Ihr Text klingt und entscheiden Sie dann, ob Sie ihn passiver oder aktiver umformulieren möchten.

Benötige ich alle Wörter, die ich geschrieben habe?

Nicht alles, was Sie beim Erstentwurf geschrieben haben, sollte auch in der Endfassung stehen. Insbesondere Adjektive und Adverbien werden häufig verwendet, obwohl sie zum Inhalt eines Satzes nichts beitragen. Auf der Suche nach Füllwörtern bemerken Sie, dass sich die Bedeutung eines Satzes nicht verändert, wenn Sie ihn von Wortballast befreien. Im Gegenteil: Ihr Text wird dadurch klarer und präziser – genau das, was von einem wissenschaftlichen Text erwartet wird.

Halten Sie besonders Ausschau nach qualitativen und quantitativen Wörtern wie zum Beispiel oft, häufig, sehr, viel, selten, ungenaue Attribute also. Sie sollten diese Wörter entweder löschen oder mit präziseren ersetzen (zu Füllwörtern vgl. Schneider 2011).

Entspricht mein Text der Rechtschreibung?

Ihr Text muss den Regeln der Grammatik, Orthographie und Interpunktion entsprechen, egal in welcher Sprache. Ihre Argumente und Forschungsresultate mögen noch so überzeugend sein, stolpern die Lesenden in jedem Satz über Orthographiefehler, können sie sich schlecht auf das Wesentliche konzentrieren. Stimmt die Grammatik nicht, werden Aussagen und Inhalte missverstanden. In Wörterbüchern finden Sie gegebenenfalls eine kompakte Darstellung zur Grammatik, Orthographie und Interpunktion.

Allein wegen ein paar Fehlern wird Ihre Arbeit zwar nicht abgelehnt. Ihr Text hinterlässt möglicherweise aber einen schlechten Eindruck bei der bewertenden Person.

Wer korrigiert meinen Text vor der Abgabe oder Publikation?

Verwenden Sie einerseits ein verlässliches Korrekturprogramm und fragen Sie andererseits Mitstudierende um ein Lektorat und Korrektorat. Dies ist besonders dann anzuraten, wenn Sie nicht in Ihrer Muttersprache schreiben. Falls erlaubt, können Sie auch ein professionelles Lektorat in Anspruch nehmen (siehe Kap. 1). Vergewissern Sie sich über den Umfang der Dienstleistung (Stillektorat, Korrektorat) und lassen Sie sich ein Angebot unterbreiten.

Lautes Vorlesen ist eine kostenlose, aber etwas gewöhnungsbedürftige Korrekturstrategie. Dies ist besonders hilfreich, wenn Sie sich für Rhythmus, Ton und grobe Schreibfehler interessieren. Auch zu lange und umständliche Sätze spüren Sie so auf.

5.4 Formalia

Ihr Text soll in erster Linie mit seinen inhaltlichen Qualitäten überzeugen. Aber auch formale Aspekte wie der Zitierstil, Beschriftungen oder die Nummerierung prägen den Gesamteindruck.

Sind meine Referenzen einheitlich und stimmen sie mit dem Literaturverzeichnis überein?

Kontrollieren Sie, ob Sie den vorgegebenen Zitierstil richtig anwenden. Er sollte im gesamten Text einheitlich umgesetzt sein. Das gilt auch für einen selbst gewählten Zitierstil. Prüfen Sie die Einheitlichkeit der Referenzen auch bei der Arbeit mit einem Literaturverwaltungsprogramm (vgl. Kap. 2). Einheitlich muss auch das Literaturverzeichnis sein: Alle zitierten Werke sollten in derselben Art aufgelistet sein. Und zuletzt prüfen Sie, ob alle Werke, die im Literaturverzeichnis erscheinen, im Text vorkommen und umgekehrt.

Stimmen Beschriftungen und Nummerierungen?

Beschriftungen und Nummerierungen von Darstellungen (Bilder, Tabellen, Grafiken etc.) müssen einheitlich gemacht sein (z.B.

„Abb. 1" oder „Tab. 2.2"). Abhängig vom verlangten Zitierstil, gibt dieser an, wie Sie Darstellungen zu beschriften haben.

Stimmen die Beschriftungen und Nummerierungen, müssen Sie nachprüfen, ob Sie im Fließtext auf die Darstellungen verweisen (z.B. „siehe Abb. 3.5"). Denn jede Darstellung sollte mit dem Text verknüpft und im Idealfall dort kommentiert werden.

Kontrollieren Sie die Nummerierung der Kapitel und Unterkapitel: Enthält der Text doppelt vergebene, übersprungene oder falsche Nummerierungen? Sind alle Aufzählungen korrekt nummeriert?

5.5 Gestaltung

An der Gestaltung des Textes zu arbeiten, kann zwischendurch entspannend sein. Es leuchtet aber sicher ein, dass die Überprüfung der Gestaltung erst erfolgen sollte, wenn alle inhaltlichen und sprachlichen Änderungen erledigt sind.

Welche Gestaltungsvorgaben muss ich einhalten?

Schauen Sie nochmals nach, welchen Vorgaben Ihr Text entsprechen muss: Seitenränder, Kopf-/Fußzeilen, Schriftart und -größe, Zeilenabstand etc. Wenn Sie keine Vorgaben haben und selbst entscheiden können, wählen Sie die Gestaltungselemente lesefreundlich und einheitlich.

Sind die Gestaltungselemente richtig dosiert?

Zu viele visuelle Elemente und Gestaltungsspielereien können dem Lesen abträglich sein. Wissenschaftliche Texte kommen meistens schlicht daher, damit sich die Lesenden auf den Inhalt konzentrieren können.

Auch wenn Ihnen eine Dokumentvorlage zur Verfügung steht, muss allen Absätzen und Überschriften die entsprechende Formatvorlage zugewiesen werden. Manchmal führen Textverarbeitungsprogramme automatisch Formatierungen oder Seitenumbrüche durch. Stört Sie das, schreiben Sie zuerst eine möglichst einfach formatierte Rohfassung, die Sie später abschnittsweise als unformatierten Text in die Dokumentvorlage kopieren können.

Sind Hervorhebungen gut sichtbar, aber nicht störend?

Von den verschiedenen Formen des Hervorhebens (kursiv, unterstrichen, fett, anderer Schrifttyp, Farbe etc.) genügt eine einzige. In wissenschaftlichen Texten werden Hervorhebungen meist in *kursiver Schrift* dargestellt. Vermeiden Sie, mehrere Formen des Hervorhebens (etwa kursiv und fett) gleichzeitig anzuwenden.

Zum Vertiefen

Esselborn-Krumbiegel, Helga (2010): Richtig wissenschaftlich schreiben. Wissenschaftssprache in Regeln und Übungen. Paderborn: Ferdinand Schöningh.

Kruse, Otto (2015): Lesen und Schreiben. Der richtige Umgang mit Texten im Studium. Konstanz: UVK Verlagsgesellschaft mbH.

Moll, Melanie und Winfried Thielmann (2017): Wissenschaftliches Deutsch. Konstanz: UVK Verlagsgesellschaft mbH.

Murray, Donald M. (2004): The Craft of Revision. Boston: Thomson Wadsworth.

Hauptpunkte

- Planen Sie die Überarbeitungsphase schon zu Beginn des Schreibprozesses.
- Entscheiden Sie, welche der genannten Aspekte Sie beachten. Das hängt von Ihrem Zeitbudget ab.
- Gehen Sie effizient vor, in dem Sie sich vom Großen zum Kleinen durcharbeiten.
- Behalten Sie den Fokus und verzetteln Sie sich nicht; konzentrieren Sie sich jeweils auf einen Überarbeitungsaspekt.

6 Feedback erhalten und geben

Checkliste

6.1 Nutzen

- ☐ Was bringt mir Feedback?
- ☐ Ist Peer-Feedback sinnvoll?
- ☐ Soll ich anderen auch Feedback geben?

6.2 Einwände

- ☐ Weshalb gibt es Zurückhaltung gegenüber Peer-Feedback?
- ☐ Wie werde ich mutiger, anderen meine Texte zu zeigen?
- ☐ Wie überzeuge ich andere, dass ich ihr Feedback benötige?

6.3 Planung

- ☐ Wann ist der richtige Zeitpunkt?
- ☐ Wie viel Zeit erfordert Peer-Feedback?
- ☐ Welche Instrumente unterstützen beim Feedback?
- ☐ Peer-Feedback zu zweit oder in Gruppen?

6.4 Feedback erhalten

- Wie formuliere ich die Bitte um Feedback?
- Wie nehme ich Feedback entgegen?
- Wie reagiere ich auf Verbesserungsvorschläge?
- Wie verarbeite ich Feedback?

6.5 Feedback geben

- Wie lese ich einen fremden Text?
- Wie gebe ich Feedback, ohne zu verletzen?
- Soll ich Verbesserungsvorschläge einbringen?

Einleitung

Sie haben eine Rohfassung Ihres Reiseberichts verfasst und wüssten gerne, wie der Text auf die Lesenden wirkt, und zwar bevor Sie diesen an die Redaktion senden. Vielleicht haben Sie aber auch schon früher im Schreibprozess das Bedürfnis, zu einem bestimmten, vielleicht etwas gewagten Abschnitt, ein Feedback zu erhalten. Sie bitten also eine Person Ihres Vertrauens, den Text zu lesen und dazu eine Rückmeldung zu geben.

Naheliegend ist, sich mit Personen, die Sie bereits durch das ganze Studium begleiten oder sich für das gleiche Seminar eingeschrieben haben, zu einem Feedback-Team zusammenzutun. Diese Personen werden als Peers bezeichnet, deshalb der Ausdruck „Peer-Feedback".

Mit Peer-Feedback können Sie Meinungen zu Ihrem Text einholen, bevor Sie ihn der Person zeigen, die ihn bewerten wird. Sie erfahren auf diese Weise, wie Sie in Ihrem Schreibprojekt unterwegs sind und wo Sie stehen. Um Missverständnissen vorzubeugen: Es geht in diesem Kapitel nicht darum, wie Texte lektoriert werden, sondern um Rückmeldungen insbesondere zu Inhalten und zur Wirkung des Textes auf die Lesenden.

Rückmeldungen zu Texten können brauchbar und weiterführend sein, sie können einen aber auch irritieren oder gar entmutigen. Es kommt also darauf an, wen und vor allem wie Sie um ein Feedback bitten. Geben Sie Feedback zu Texten, ist es umgekehrt wichtig, wie Sie dies angemessen und wertschätzend tun.

6.1 Nutzen

Fliegt der Ball neben das Tor, heulen die Zuschauenden sofort enttäuscht auf, ein unmittelbares Feedback. Oder Sie entwerfen ein paar Zeilen eines Computerprogramms, klicken „Run" und erhalten unmittelbar ein Feedback. Nicht so bei einem großen Schreibprojekt. Da arbeiten Sie wochen-, wenn nicht monatelang, ohne zu wissen, ob Sie sich auf dem richtigen Kurs befinden. Warum also nicht zwischendurch eine Standortbestimmung vornehmen?

Was bringt mir Feedback?

Mit allgemeinen Aussagen wie: „Super! Weiter so! Interessant!" geben Sie sich nicht zufrieden, denn Sie wollen ...

- ... Stolpersteine erkennen: Rückmeldungen machen Sie auf Stellen im Text aufmerksam, an denen andere beim Lesen stolpern, Aussagen verdeutlicht oder gar radikal umgeschrieben werden müssen. Die Außensicht kann zur Verbesserung Ihres Textes beitragen.
- ... Lücken erkennen: Wie weit sind Sie mit dem aktuellen Stand Ihrer Arbeiten vom geforderten Endprodukt entfernt? Ein Feedback zeigt, ob Sie auf dem richtigen Weg sind.
- ... Risiken beurteilen: Lassen Sie jemanden bestimmte Textpassagen überprüfen und erfahren Sie, wie andere auf gewagte Ideen reagieren. Bitten Sie eine Person Ihres Vertrauens um eine neutrale Rückmeldung.
- ... Einsamkeit überwinden: Sie schreiben in der Regel allein. Führen Sie einen Dialog über den entstehenden Text und Ihre Schreibtätigkeit.
- ... den wissenschaftlichen Diskurs üben: Peer-Feedback ermöglicht das in einem geschützten Rahmen. Sie lernen, wie

man sich über Erkenntnisse, Annahmen oder Schlussfolgerungen mit anderen austauscht, die sich mit dem gleichen Thema befassen. Dies erfordert allerdings Gegenseitigkeit, das heißt, Sie sind auch bereit, anderen Feedback zu ihren Texten zu geben.

Ist Peer-Feedback sinnvoll?

Ja, obschon es auf den ersten Blick effizienter erscheint, sogleich eine Lehr- oder Betreuungsperson um ein Feedback zum Text zu bitten als Mitstudierende, die möglicherweise selbst unsicher sind.

Abgesehen von der zeitlichen Verfügbarkeit der Dozierenden, gibt es gute, wissenschaftlich belegte Argumente für den Nutzen des Feedbacks unter Peers (Hattie/Gan 2011). Peer-Feedback unterstützt das Lernen als Ganzes. Eine wichtige Rolle spielt dabei die oben erwähnte Diskussion. Anstelle der Einweg-Diskussion mit einer Lehrperson kann zwischen Peers eine Interaktion entstehen, von der alle profitieren. Man erhält Rückmeldungen zum Text von einem interessierten Publikum und spürt, wie der Text auf andere wirkt. Das ist mindestens so wertvoll wie Korrekturen und Ratschläge der Autoritätsperson.

Soll ich anderen auch Feedback geben?

Es wird Sie sicher nicht überraschen, dass wir diese Frage mit einem überzeugten „Aber sicher!" beantworten. Feedback zu geben, bringt sogar noch mehr, als Feedback zu erhalten. Vor allem lernen und üben Sie auf diese Weise, Texte kritisch zu lesen. Werden Sie von anderen um Feedback gebeten, sind Sie herausgefordert, deren Texte so zu lesen, dass Sie die Feedbackfragen beantworten können. Dies fördert den kritischen Blick für Texte, auch für die eigenen. Mit der Zeit entwickeln Sie einen Sinn für Unstimmigkeiten in Texten. In verschiedenen Studien konnte nachgewiesen werden, dass Personen, die anderen Feedback geben, mehr profitieren als Personen, die von anderen Feedback erhalten (vgl. van Steendam et al. 2010; Hattie/Gan 2011; Lundstrom/Baker 2009).

Peer-Feedback beruht auf dem Prinzip der Gegenseitigkeit. Ein seriöses Feedback zu einem Text ist mit einigem Aufwand verbunden. Es ist nur gerecht, wenn die Person, die Ihnen Feedback gibt, die gleiche Bereitschaft auch von Ihnen erwartet.

6.2 Einwände

Nicht wenige Schreibende haben Hemmungen, ihren noch unfertigen Text anderen zu zeigen. Vielleicht schreckt der Zeitaufwand ab, insbesondere mit der Vorahnung, dass die feedbackgebende Person ihrerseits als Gegenleistung ein Feedback erwartet. Mit einer rechtzeitigen Planung kann dieses Argument leicht entkräftet werden.

Weshalb gibt es Zurückhaltung gegenüber Peer-Feedback?

Neben Zeitaufwand, Desinteresse oder Bequemlichkeit gibt es auch tiefer liegende Gründe zur Zurückhaltung gegenüber Peer-Feedback. Es fällt vielen nicht leicht, dies offen anzusprechen. Das macht es schwierig, möglichen Feedback-PartnerInnen zu helfen, die Scheu zu überwinden. Folgende Gründe können Ursache der Zurückhaltung sein:

- *Unsicherheit*: Man ist unsicher, ob der bisher verfasste Text auch Hand und Fuß hat oder fürchtet sich vor dem Feedback, weil dieses mehr Verwirrung stiften als Klarheit schaffen könnte.
- *Zeigehemmung*: Texte können einiges über die eigene Person offenbaren. Dem möchte man sich nicht aussetzen, insbesondere dann nicht, wenn sich das Selbstwertgefühl in Grenzen hält, wie Honegger (2008) neben anderen Gründen feststellte.
- *Erfahrungen*: Vielleicht hat man mit Feedback bisher schlechte Erfahrungen gemacht, nicht zuletzt auch mit verletzenden Rückmeldungen von Lehrpersonen.
- *Schonen oder verletzen*: Peer-Feedback kann unangenehme Erinnerungen wecken. Bruffee (1999) erzählt von einem Stu-

denten, der seine KommilitonInnen beim Feedback entweder als Teddybären oder Haifische erlebte. Die einen gäben aus Furcht, jemanden zu verletzen, kaum brauchbare oder nur lobende Rückmeldungen. Andere wiederum nutzten die Gelegenheit, ihre Peers bewusst oder unbewusst zu kritisieren, zu beurteilen und zu korrigieren.

Wie werde ich mutiger, anderen meine Texte zu zeigen?

Wollen Sie trotz einer grundsätzlichen Zurückhaltung nicht auf Feedback verzichten, suchen Sie sich dafür eine Person, der Sie vertrauen. Berichten Sie Ihr von Ihren Erfahrungen oder Vorbehalten. Überlegen Sie Ihren Feedbackwunsch genau und geben Sie ihn unmissverständlich weiter.

Wie überzeuge ich andere, dass ich ihr Feedback benötige?

Stoßen Sie rundherum auf Zurückhaltung oder gar Abneigung mit dem Ansinnen, einander Feedback zu erteilen, zeigen Sie Verständnis für die Zurückhaltung und versprechen Sie, einen klar definierten Feedback-Wunsch zu einem bestimmten Abschnitt Ihres Textes zu definieren. Das kann dazu beitragen, dass Feedback-PartnerInnen Ihre Hemmungen überwinden, anderen die eigenen Texte zu zeigen. Das Angebot, Ihrerseits Feedback zu einem Text zu geben – wenn gewünscht auch zuerst – dürfte die Bereitschaft zum Austausch erhöhen.

6.3 Planung

Denken Sie schon zu Beginn des Schreibprozesses daran, Peer-Feedback einzuplanen. Strecken Sie frühzeitig die Fühler nach PartnerInnen für ein Peer-Feedback aus. Damit können Sie sich beim Schreiben Personen vorstellen, an die sich der Text richtet. Das kann das Schreiben erleichtern.

Wann ist der richtige Zeitpunkt?

Ein erster Zeitpunkt ergibt sich beim Ausarbeiten des Exposés. Sie möchten von Ihren Peers erfahren, ob das Thema und seine

Relevanz ausreichend und verständlich beschrieben ist, ob es allenfalls weiter eingegrenzt werden muss oder ob die Fragestellung das Problem auf den Punkt bringt.

Später im Schreibprozess ergeben sich an verschiedenen Stellen und abhängig von Ihrer Schreibstrategie (vgl. Kap. 1) Gelegenheiten für Peer-Feedbacks. Wer wissen möchte, ob der entstehende Text wissenschaftlich ist, kann schon zu den ersten präsentablen Seiten Feedback einholen und nicht erst, wenn die Rohfassung steht.

Wie viel Zeit erfordert Peer-Feedback?

Um ein wohlüberlegtes Feedback geben zu können, braucht man genügend Zeit. Ein paar Tage sollten das schon sein. Fragen Sie deutlich, ob eine Rückmeldung bis zum gewünschten Zeitpunkt möglich ist. Sie sollten zudem in der Zwischenzeit an etwas Anderem weiterarbeiten können.

Welche Instrumente unterstützen beim Feedback?

Abgesehen von der persönlichen, mündlichen Form des Feedbacks, ist es auch möglich, zeitversetzt Feedback zu geben. Die einfachste Form des Austauschs ist zweifellos per E-Mail mit dem Text im Anhang. Sie fügen Kommentare an Textstellen ein, an denen Ihnen etwas aufgefallen ist, nehmen jedoch keine Korrekturen am Text vor.

Arbeiten Sie in einem Team, in dem man sich regelmäßig gegenseitig Feedback gibt, lohnt sich unter Umständen die Einrichtung eines Online-Forums, in das man einen Text einstellen kann und sämtliche Stellungnahmen für alle sichtbar sind. Man kann auch einen Chat-Raum einrichten oder Video-Konferenzen durchführen. Beides erfordert aber die Moderation durch eine Person, die dafür sorgt, dass sich alle rechtzeitig zum Chat einfinden, und die das Gespräch lenkt.

Peer-Feedback zu zweit oder in Gruppen?

Beide Varianten haben Vor- und Nachteile. Zu zweit kann die Hemmschwelle, den Text zu zeigen, etwas geringer sein. Außerdem braucht es weniger Organisation für den Austausch der Rückmeldungen. In der Gruppe erhalten Sie dafür mehr und vermutlich unterschiedliche Rückmeldungen.

Möglich sind beispielsweise regelmäßige Treffen unter Forschenden oder fortgeschrittenen Studierenden, wobei alle Teilnehmenden einen kürzeren Text mitbringen, zu welchem die anderen dann Stellung nehmen. Ruhmann (1999) verwendet dafür den Begriff „Feedback-Stammtisch". Die Teilnehmenden geben reihum kurze Statements ab. Die Autorin oder der Autor nimmt Feedbacks kommentarlos entgegen, macht sich Notizen und zeigt an, wenn sie oder er für das nächste Feedback bereit ist. Wichtig ist ein strukturierter Ablauf. Die Beteiligten sollen gleichermaßen zum Zug kommen bzw. ihr Feedback ähnlich knapp formulieren. Um Wiederholungen zu vermeiden und häufige Beobachtungen zu erkennen, zeigen die Teilnehmenden zum Beispiel mit Hochhalten der Hand an, wenn sie Gleiches festgestellt haben.

6.4 Feedback erhalten

Ein angemessenes Vorgehen ist die Grundlage für den befriedigenden und weiterführenden Austausch über Texte. Die erste wichtige Hürde ist die Art und Weise, wie Sie Ihre Bitte um Feedback formulieren.

Wie formuliere ich die Bitte um Feedback?

Sie haben alle Hemmungen überwunden, den richtigen Zeitpunkt gewählt und hätten nun gerne ein Feedback zu Ihrem Text. Als erstes bereiten Sie den Textabschnitt vor, zu dem Sie gerne eine Rückmeldung hätten. Sie haben richtig gelesen: einen Textabschnitt und nicht einfach die ganze Arbeit. Bei langen Texten würden Sie damit Ihre FeedbackpartnerInnen zeitlich überfordern. Dann besteht Ihre Aufgabe darin, eine konkrete Bitte um Feedback zu formulieren. Dazu gehören:

- *Informationen zum Text*: Wie lautet der Schreibauftrag? Um welche Textsorte handelt es sich? Wovon handelt der Textabschnitt und was ist seine Bedeutung als Teil des gesamten Textes?

- *Worauf im Text geachtet werden soll*: Das können inhaltliche Fragen sein, zum Beispiel ob ein roter Faden erkennbar ist, ob der Text die Fragestellung beantwortet, ob die Diskussion nachvollziehbar ist oder ob die Schlussfolgerungen ausreichend begründet sind. Vielleicht bereiten Ihnen auch eher formale oder sprachliche Fragen Probleme und Sie bitten darum, Zitate und Literaturhinweise genau anzuschauen, auf alltagssprachliche Formulierungen zu achten oder nicht definierte oder falsch verwendete Begriffe zu erkennen. Weisen Sie auf Unsicherheiten hin, die Sie bereits selbst gespürt haben.
- *Termin und Gegenleistung vereinbaren*: Sagen Sie klar, bis wann Sie die Rückmeldung erwarten. Und im gleichen Atemzug bieten Sie der Person an, ihr ebenfalls eine Rückmeldung zu ihrem Text zu geben, wenn sie das wünscht.

Wie nehme ich Feedback entgegen?

Es mag auf den ersten Blick trivial sein, wie man Rückmeldungen zum Text entgegennimmt. Sie können jedoch mit Ihren Reaktionen Ihrem Gegenüber das Leben schwermachen und riskieren, dass dieses sich hüten wird, Ihnen je wieder einmal Feedback zu geben.

Am besten hören Sie aufmerksam zu und machen Notizen. Es versteht sich von selbst, dass Sie Ihren Text ebenfalls vor Augen haben, um damit den Ausführungen der feedbackgebenden Person zu folgen. Sie notieren die Hinweise und markieren Textstellen, zu denen Fragen aufgetaucht sind.

Erscheinen Ihnen die Fragen als nicht gerechtfertigt, nehmen Sie diese einfach kommentarlos entgegen. Verstehen Sie eine Rückmeldung nicht, bitten Sie um eine Erklärung oder Präzisierung. Sie sollen aber nichts erklären oder gar bestimmte Formulierungen rechtfertigen. Ihr Text muss später auch ohne mündliche Hinweise verstanden werden. Sie führen kein Streitgespräch.

Achten Sie auf die nonverbale Kommunikation. Ihr Gegenüber nimmt wahr, wenn Sie das Feedback mit angstvoll aufgerissenen Augen oder Trauermiene entgegennehmen. Dies kann dessen Rückmeldung beeinflussen oder mindestens dazu führen, dass ihm die Lust an einer weiteren Zusammenarbeit mit Ihnen vergeht.

Erhalten Sie ein schriftliches Feedback, bedanken Sie sich so rasch als möglich. Eine Stellungnahme zu den einzelnen Hinweisen ist nicht erforderlich. Sie müssen sich auch nicht verpflichtet fühlen, zurückzumelden, welche Hinweise zu Änderungen am Text führten.

Wie reagiere ich auf Verbesserungsvorschläge?

Schlägt Ihnen die feedbackgebende Person Verbesserungen vor, überlegen Sie sich zuerst, ob sie diese entgegennehmen wollen oder nicht. Gut möglich, dass Sie sich zuerst einmal zurechtfinden müssen und sich nicht verwirren lassen möchten.

Wie verarbeite ich Feedback?

Bei einem Peer-Feedback liegt es an Ihnen, was Sie mit den Rückmeldungen zu Ihrem Text anfangen. Die Tatsache jedoch, dass eine bestimmte Formulierung zu einer Frage geführt hat, ist Grund genug, diese nochmals zu überprüfen.

Erhalten Sie das Feedback von der Lehr- oder Betreuungsperson im Sinne einer Beratung, sollten Sie davon ausgehen, dass sich diese bei der abschließenden Bewertung der Arbeit an ihre Hinweise erinnert und eventuell enttäuscht ist, wenn sie feststellt, dass die Bemühungen umsonst waren.

6.5 Feedback geben

Wechseln Sie nun bitte die Seite und versetzen Sie sich in die Rolle der Person, die ein Feedback gibt. Sie haben einen Text und eine Feedback-Bitte erhalten. Sollte die Bitte nicht klar genug sein, fragen Sie unbedingt nach. Auf zu knapp definierte

Feedback-Bitten („Lies mal diesen Text!") sollten Sie sich gar nicht erst einlassen.

Wie lese ich einen fremden Text?

Um das Feedback vorzubereiten, lesen Sie den Text einmal zügig durch. So gewinnen Sie einen ersten Überblick. Dann gehen Sie den Text gemäß der Feedback-Bitte nochmals Satz für Satz durch. Markieren Sie alle Stellen im Text, die Ihnen auffallen, mit Randnotizen (:-) oder „?"), um die Stellen später leichter wiederzuerkennen.

Wie gebe ich Feedback, ohne zu verletzen?

Sie geben Feedback zu einem Text und nicht zur Autorin oder zum Autor. Weil diese/dieser sich mit dem Geschriebenen identifiziert, können Ihre Bemerkungen zum Text trotzdem persönlich genommen werden. In diesem Fall müssen Sie gut hinhören und sich allenfalls deutlich abgrenzen.

Umso wichtiger ist die Einleitung Ihres Feedbacks. Beginnen Sie wenn möglich mit einer positiven Bemerkung zum Gesamteindruck, zum Beispiel: „Der Text hat mich sehr angesprochen", „Ich finde das ein spannendes Thema" oder „Der erste Satz hat mich gleich gefesselt". Ist das nicht möglich, beginnen Sie mit der ersten Textstelle, an der Ihnen etwas aufgefallen ist. Selbstverständlich ist sich Ihr Gegenüber bewusst, dass nach dem angenehmen Auftakt kritische Bemerkungen oder Fragen folgen. Die Bereitschaft, Rückmeldungen offen und unvoreingenommen anzunehmen, ist jedoch nach einem positiven Gesprächsbeginn größer.

Indem Sie Ihre Rückmeldungen zum Text aus persönlicher Sicht darstellen, vermeiden Sie den Eindruck, die Kritik zu verallgemeinern oder den Text als Ganzes infrage zu stellen. Berichten Sie der Autorin oder dem Autor mit Bezug auf konkrete Textstellen, an denen Ihnen etwas unklar ist. Mögliche Formulierungen dafür wären:

- Ich bin über … gestolpert.
- Ich hatte Mühe mit …
- Ich verstehe nicht, was du mit … sagen willst.
- Mir ist aufgefallen, dass ….
- Ich hatte den Eindruck, dass hier … etwas fehlt.

Solche Hinweise ermöglichen es der Autorin oder dem Autor, den Text nochmals zu überprüfen, Ergänzungen und Korrekturen anzubringen. Das bringt mehr als ein allgemeines Lob wie „Super gemacht!" oder „Das war wohl sehr schwierig". Seien Sie ehrlich, aber nicht verletzend. Besondere Vorsicht ist mit humorvollen Rückmeldungen geboten. Sie können leicht missverstanden werden.

Haben Sie den Eindruck, die Autorin oder der Autor ist nach Ihren Rückmeldungen niedergeschlagen, schließen Sie Ihr Feedback mit einem positiven Hinweis ab, sei dies zum Text als Ganzes oder zu einer besonderen Stelle. Auf diese Weise betonen Sie nochmals, dass Sie nicht die Person kritisieren, sondern nur die Feedback-Fragen beantworten. Dieses Vorgehen wird auch als Sandwich-Methode bezeichnet.

Soll ich Verbesserungsvorschläge einbringen?

Sind Sie dank Ihres Fachwissens völlig überzeugt, dass ein Sachverhalt im Text unrichtig dargestellt wird, stellen Sie eine Frage zur betreffenden Stelle, vermeiden Sie aber eine Darstellung der eigenen Sichtweise. Sie können die Autorin oder den Autor jedoch fragen, ob sie Ihren Vorschlag für eine Verbesserung hören möchte.

Zum Vertiefen

Elbow, Peter und Pat Belanoff (2003). Being a writer: A community of writers revisited. Columbus: McGraw-Hill.

Hauptpunkte

- Suchen Sie eine Person, der Sie vertrauen. Fragen Sie früh genug und lassen Sie für die Antwort ausreichend Zeit.
- Informieren Sie Ihre Feedback-Partnerin bzw. Partner über den Text und Kontext und formulieren Sie konkrete Fragen.
- Nehmen Sie die mündliche oder schriftliche Rückmeldung dankend und kommentarlos entgegen. Sie müssen Ihren Text nicht verteidigen, sollten aber nachfragen, wenn Sie ein Feedback nicht verstehen.

Werden Sie um Feedback zu einem Text gebeten, beachten Sie Folgendes:

- Verlangen Sie Informationen zum Text und eine klare Feedback-Bitte.
- Lesen Sie den Text ein erstes Mal durch. Überprüfen Sie ihn anschließend anhand der Feedback-Bitte. Machen Sie Notizen oder Zeichen zu Textstellen, die Ihnen aufgefallen sind.
- Geben Sie Feedback zum Text und nicht zur Person, die den Text verfasst hat. Beziehen Sie Ihre Fragen oder Bemerkungen immer auf konkrete Textstellen.
- Falls Sie Vorschläge für Verbesserungen haben, geben Sie diese nur preis, wenn dies die Autorin oder der Autor ausdrücklich wünscht.

7 Abschließen und abgeben

Checkliste

7.1 Schlussphase einleiten

- ☐ Wann soll ich die Schlussphase einleiten?
- ☐ Was darf ich jetzt nicht vergessen?
- ☐ Wo könnte ich Hilfe holen?
- ☐ Wie arbeite ich gut mit der Betreuungsperson zusammen?
- ☐ Wie vermeide ich technische Probleme?
- ☐ Wie wird meine Arbeit bewertet?

7.2 Verspätung

- ☐ Wie kann ich Verspätungen vermeiden?
- ☐ Was tue ich als erstes, wenn die Zeit knapp wird?
- ☐ Welche Möglichkeiten habe ich, um Zeit aufzuholen?
- ☐ Kann/soll ich eine Fristverlängerung beantragen?
- ☐ Soll ich aufgeben oder eine Verschiebung beantragen?

- Was tun, wenn ich grundsätzlich alles immer hinausschiebe?

7.3 Abgeben und loslassen

- Wie vermeide ich Stress im letzten Augenblick?
- Was sollte ich zum Schluss kontrollieren?
- Soll ich die Arbeit vor dem Abgabetermin einsenden?
- Wie kann ich einen Schlussstrich ziehen?
- Wie geht es danach weiter?

7.4 Ergebnis

- Was kann ich aus der Bewertung lernen?
- Was tun, wenn ich mit der Bewertung nicht einverstanden bin?
- Soll ich Einspruch einlegen, wenn ja, wie?

Einleitung

Sollte dies das erste Kapitel sein, das Sie anschauen, weil Sie kurz vor dem Abschluss Ihrer Arbeit stehen und sich vergewissern möchten, an alles gedacht zu haben, finden Sie hier verschiedene Verweise auf vorangehende Informationen zum Schreibprozess. Grundsätzlich richtet sich dieses Kapitel jedoch an Schreibende, die Ihren Text schon mehrmals überarbeitet haben und sich nun Gedanken machen, wie sie langsam zum Schluss kommen.

Auch den letzten Schritt im Schreibprozess sollten Sie geplant angehen. Am besten legen Sie bereits in der Planungsphase fest, wann das Schreiben und Überarbeiten abgeschlossen sein sollen, damit Ihnen genügend Zeit verbleibt, die Arbeit gemäß den Vorgaben in Form zu bringen und den AdressatInnen zukommen zu lassen. Dazu gehört auch ein Notfallkonzept, um bei Krisen und Pannen Ruhe zu bewahren.

Sollten Sie die Arbeit am Schreibprojekt immer wieder verschoben haben, stehen Sie jetzt wohl unter Druck. Vielleicht gelingt es mit einem Energieanfall, etwas von der versäumten Zeit aufzuholen. Allerdings müssen Sie sich dabei auf das Wichtigste beschränken. Dazu finden Sie Hinweise in diesem Kapitel.

Angesprochen wird auch die Zusammenarbeit mit ihrer Betreuungsperson, die Sie während der Arbeit begleitet und die Arbeit schließlich bewerten muss. Sie sollten das Beste aus der Zusammenarbeit machen, aber auch korrekt vorgehen, wenn Sie mit der Benotung nicht einverstanden sind oder gar Einspruch einlegen wollen.

Im letzten Teil dieses Kapitels steht die Frage im Mittelpunkt, wie Sie nach der großen Anstrengung loslassen können. Bis es jedoch so weit ist, gibt es noch einiges zu erledigen.

7.1 Schlussphase einleiten

Die Schlussphase beginnt, wenn das Recherchieren abgeschlossen ist, die Ergebnisse ausgewertet und diskutiert sind, wenn also der Text steht, inhaltlich und sprachlich in mehreren Schritten überarbeitet und eventuell lektoriert wurde. Nun geht es darum, den Text in die vorgegebene Form zu bringen und rechtzeitig einzureichen.

Wann soll ich die Schlussphase einleiten?

Diese Frage kann aus zwei Blickwinkeln beantwortet werden:

- *Organisation und Administration*: Wie viel Zeit benötigen Sie, um den Text zu gestalten, auszudrucken, zu kopieren, zu binden und einzusenden bzw. abzugeben? Berechnen Sie nun rückwärts vom Abgabetermin (inklusive einer zeitlichen Reserve) den spätesten Zeitpunkt, um die Schlussphase einzuleiten.
- *Befindlichkeit*: Vielleicht geraten Sie aber gar nicht in Zeitnot, sondern spüren schon vor dem Abgabetermin, dass Sie bereit wären, die Arbeit abzuschließen. Ob Sie diesem Gefühl nachgeben können, hängt davon ab, wie weit die Arbeit inhaltlich und formal dem äußeren und dem inneren Auftrag (vgl. Kap. 1) entspricht.

Wo auch immer Sie sich mit Ihrer Arbeit gerade befinden, wir empfehlen Ihnen, gerade jetzt eine kurze Pause einzuschalten und ein paar Überlegungen anzustellen, wann und wie Sie die eher administrativen Aspekte der Schlussphase des Schreibprozesses bewältigen wollen. So schaffen Sie eine wichtige Voraussetzung, um am Schluss nicht in Zeitnot zu geraten und den Kopf für die wesentlichen Dinge freizuhaben.

Was darf ich jetzt nicht vergessen?

Vielleicht sind Sie bis jetzt ohne Checklisten über die Runden gekommen. Ihre Erfahrung oder Intuition leitete Sie durch die verschiedenen Phasen des Schreibprozesses. Nun kommt jedoch der Augenblick, in dem auch Profis, ähnlich wie vor dem Start eines Flugzeugs, Checklisten abarbeiten, um auf keinen Fall etwas Wichtiges zu vergessen.

Schauen Sie zur Sicherheit nochmals die Vorgaben Ihrer Hochschule (Leitfaden, Richtlinien, Reglement) an. Finden Sie keine Vorgaben, erkundigen Sie sich bei Lehrpersonen oder Mitstudierenden. Folgende Punkte sind wichtig:

- *Abgabetermin und Anzahl Exemplare*: Wann und wie viele Exemplare müssen Sie welchen AdressatInnen gedruckt und/oder als PDF-Datei zusenden? Braucht es ein Begleitschreiben?
- *Gestaltung, Formalien*: Wie muss die Arbeit gestaltet sein (Schrift, Schriftgröße, Seitenränder, Seitenzahlen, Zeilenabstand, Überschriften, Aufzählungen, Titelseite, Inhaltsverzeichnis usw.)?

Selbst wenn sie davon überzeugt sind, die Aufgabenstellung und alle Anforderungen richtig verstanden und umgesetzt zu haben, sollten Sie zum Schluss anhand der Vorgaben alles nochmals überprüfen. Es wäre schade, sich einen Abzug einzuhandeln, nur weil Sie etwas übersehen oder missverstanden haben.

Beginnen Sie schon früh damit, Aufgaben auf einer Liste zu notieren. Sie können sich auch eine zweite Liste mit Problemen und ungelösten Fragen anlegen. Die Aufgabenliste sollte rasch und überall greifbar sein. Überprüfen Sie regelmäßig, welche Aufgaben sie bereits erledigt haben. Mit einer App können Sie die Aufgaben nach ihrer Dringlichkeit ordnen, mit Terminen versehen und sich sogar mit Signaltönen daran erinnern lassen.

Haben Sie den Text noch nicht wie in Kapitel 5 überarbeitet, ist es an der Zeit, sich zu fragen,

- ob Sie mit der Arbeit Ihre Fragestellung beantworten,
- ob in der Arbeit ein roter Faden erkennbar ist,
- ob die Ergebnisse plausibel sind, einer kritischen inhaltlichen oder statistischen Überprüfung standhalten, logisch und gestützt auf Quellen interpretiert werden
- und ob der Text frei von sprachlichen Mängeln ist.

Sind Sie unsicher, ob Sie diese Kriterien erfüllen, könnten Sie jemanden um ein Feedback bitten (vgl. Kap. 6).

Wo könnte ich Hilfe holen?

Die Betreuungsperson ist die erste Anlaufstelle. Hat diese keine Zeit, fragen Sie TutorInnen oder ehemalige AbsolventInnen Ihrer Ausbildung. Vielleicht gibt es an Ihrer Hochschule oder in der Bibliothek auch eine Schreibberatung.

Wie arbeite ich gut mit der Betreuungsperson zusammen?

Stand Ihnen für Ihr Schreibprojekt eine Betreuungsperson zur Verfügung, mussten Sie sich vermutlich von ihr das Thema der Arbeit und ein paar Wochen später das Exposé genehmigen lassen. Im Idealfall gab es danach eine oder mehrere Beratungen. Wird die Betreuungsperson auch Ihre Arbeit bewerten, müssen Sie sich erkundigen, wann der Rollenwechsel von der Betreuung zur Bewertung erfolgt, damit Sie mit Fragen nicht zu spät kommen. Lassen Sie sich zur Sicherheit nochmals den Abgabetermin bestätigen, ebenso die verlangte Form des Dokuments und die Adresse.

Vielleicht können Sie mit der Betreuungsperson auch vereinbaren, ihr die fast fertige Arbeit eine gewisse Zeit vor dem

Abgabetermin für eine letzte Durchsicht zukommen zu lassen, um vor der Bewertung letzte Hinweise für Verbesserungen zu erhalten. Wenn ja, lassen Sie sich diese Möglichkeit nicht entgehen.

Wie vermeide ich technische Probleme?

Computer und Drucker streiken meistens genau dann, wenn der Zeitdruck groß ist. Häufig liegt es daran, dass Programme oder das Betriebssystem nicht regelmäßig aktualisiert wurden. Überprüfen Sie, ob alles auf dem neuesten Stand ist. Dazu gehören auch die Treiber für den Drucker. Sofern Sie die Arbeit selbst ausdrucken, kontrollieren Sie früh genug den Tinten- oder Tonerstand und den Vorrat an Papier. Versuchen Sie die Funktionen der Textverarbeitung nicht erst in den letzten Tagen vor dem Abgabetermin auszuloten. Sie werden zu nervös sein, um sich an die nötigen Befehle in kurzer Zeit zu gewöhnen.

Wollen Sie Ihre Arbeit nicht selbst ausdrucken und binden, orientieren Sie sich frühzeitig, wo Sie dies in Auftrag geben können. Fragen Sie nach den Kosten, merken Sie sich die Öffnungszeiten des Geschäfts und erkundigen Sie sich auch, wie viel Zeit für die Erledigung Ihres Auftrags eingeplant werden muss. Und weil auch Kopierläden nicht von Pannen verschont sind, sollten Sie dort nicht erst in der letzten Minute vor dem Abgabetermin aufkreuzen.

Wie wird meine Arbeit bewertet?

Eine Antwort auf diese Frage finden Sie möglicherweise in den Richtlinien oder Reglementen Ihrer Hochschule. Oft enthalten diese auch ein Raster für die Bewertung schriftlicher Arbeiten. Daran halten sich die Personen, welche die Arbeiten bewerten. Sie müssen ihre Bewertung unter Umständen sowohl gegenüber den Studierenden als auch der Hochschule rechtfertigen. Ihnen ermöglicht ein solches Raster, Ihre Arbeit durch die Brille der Bewertenden zu betrachten.

Wegen einiger sprachlicher Schwächen oder einer unkorrekten Darstellung allein wird Ihre Arbeit kaum abgelehnt, wenn der Inhalt überzeugt. Formale Mängel, vor allem wenn sie auf Nachlässigkeit zurückzuführen sind, können den Gesamteindruck beeinträchtigen und zu einer strengeren Bewertung führen.

7.2 Verspätung

Unvorhersehbare Ereignisse wie Krankheit oder Unfall können ein Schreibprojekt trotz guter Vorsätze und Planung verzögern. Dann benötigen Sie ein Notfallkonzept.

Wie kann ich Verspätungen vermeiden?

Einige Probleme lassen sich mit entsprechender Vorsorge vermeiden oder mindestens abschwächen:

- *Sicherheit der Daten*: Speichern Sie die Daten Ihres Schreibprojekts laufend und erstellen Sie nach jeder Schreibsitzung Sicherungskopien, und zwar mehrfach auf verschiedenen Datenträgern. Eine defekte Festplatte kann Sie zwar ärgern, aber nicht zur Verzweiflung bringen.
- *Ausdauer*: Gönnen Sie sich regelmäßige Erholungspausen und ernähren Sie sich gesund. Das verringert die Gefahr, plötzlich erschöpft und ausgebrannt vor einer Wand zu stehen.
- *Gesundheit*: Achten Sie auf eine ergonomische Haltung beim Schreiben. So können Sie Schmerzen in den Gelenken oder Sehnen hoffentlich vermeiden.

Was tue ich als erstes, wenn die Zeit knapp wird?

Versuchen Sie, ruhig zu bleiben und keine überhasteten Entscheidungen zu treffen. Weil das leichter gesagt als getan ist, setzen Sie sich hin und erstellen ein kurzes Notfallkonzept. Machen Sie Notizen zu folgenden Punkten:

- *Ursachen der Verspätung*: Sind Sie wissentlich in eine Krise geschlittert? Wurden Sie von einem Problem überrascht?

- *Problem beschreiben*: Was ist in der zur Verfügung stehenden Zeit noch alles zu tun? Weshalb gelingt es Ihnen nicht, Zeit aufzuholen?
- *Information*: Wen müssen Sie zusätzlich zu Ihrer unmittelbaren Umgebung informieren? Worüber müssen Sie informieren?

Ist von Anfang an absehbar, dass sich die Verspätung nicht mehr aufholen lässt, sollten Sie sofort die Hochschule und/oder die Betreuungsperson verständigen. Vielleicht können Sie so das Schlimmste abwenden oder den Abgabetermin verschieben.

Welche Möglichkeiten habe ich, um Zeit aufzuholen?

Vielleicht erinnern Sie sich an ähnliche Erlebnisse und daran, wie Sie sich früher aus diesen Situationen befreit haben. Andernfalls prüfen Sie je nach Ergebnis der Lagebeurteilung verschiedene Lösungsansätze:

- *Schlussspurt*: Richten Sie alles darauf aus, Ihre Arbeit termingerecht einzureichen. Das setzt voraus, die Ursachen der Verzögerung abzumildern oder aus der Welt zu schaffen.
- *Unterstützung suchen*: Bitten Sie jemanden um ein Feedback (vgl. Kap. 6), wenn Sie glauben, inhaltlich in einer Sackgasse gelandet zu sein. Bei sprachlichen Problemen organisieren Sie ein Lektorat. Sie haben dann den Kopf für die inhaltlichen Aspekte frei. Fragen Sie in Ihrer nächsten Umgebung um Hilfe bei der Bewältigung der Alltagsaufgaben, um sich auf das Abschließen der Arbeit konzentrieren zu können.

Kann/soll ich eine Fristverlängerung beantragen?

Ja, wenn keine Gefahr besteht, sich auch mit einem neuen Abgabetermin nochmals zu verspäten. Erkundigen Sie sich bei der Hochschule oder der Betreuungsperson, ob und wie lange die Frist für die Abgabe der Arbeit verlängert werden kann. Tun Sie das nicht erst im letzten Augenblick. Berechnen Sie die Zeit, Reserve inbegriffen, die Sie noch benötigen, um die Arbeit fertigzustellen. Informieren Sie über Ihr Notfallkonzept und schlagen Sie vor, bis wann Sie die Arbeit einreichen könnten.

Soll ich aufgeben oder eine Verschiebung beantragen?

Sind weder ein Schlussspurt noch eine Fristverlängerung möglich, muss das noch nicht das Ende bedeuten. Informieren Sie sich, ob Sie die Arbeit auch zu einem anderen Zeitpunkt, zum Beispiel im nächsten Semester, abgeben dürfen. Sie verlieren auf diese Weise ein paar Monate, gewinnen dafür aber eine Verschnaufpause und neue Lebensqualität.

Was tun, wenn ich grundsätzlich alles immer hinausschiebe?

Sie sollten professionelle Hilfe in Anspruch nehmen, wenn Sie unter Prokrastination leiden. So wird die Arbeitsstörung von Personen bezeichnet, die Aufgaben immer wieder hinausschieben, regelmäßig in Zeitnot geraten und mit den oben erwähnten Lösungsansätzen kaum weiterkommen. Eine erste Anlaufstelle ist die Studienberatung Ihrer Hochschule. Fragen Sie nach Fachpersonen, um Ihre Probleme von Grund auf anzugehen.

7.3 Abgeben und loslassen

Sie haben Ihren Text mehrmals überarbeitet, gemäß den Vorgaben gestaltet, ausgedruckt, gebunden, als PDF-Datei gespeichert und sind erlöst, dass der Auftrag geschafft ist. Doch auch in dieser letzten Phase des Schreibprozesses, das Ziel vor Augen, können noch Fragen aufkommen.

Wie vermeide ich Stress im letzten Augenblick?

Planen Sie zu Beginn des Schreibprojekts auch für die allerletzte Phase genügend Zeit und eine Reserve ein. Halten Sie den Zeitplan dauernd im Auge. Passen Sie die Planung laufend wieder den aktuellen Umständen an. Vielleicht dauert die Recherche etwas länger als vorgesehen oder ein Feedback verzögert sich. Dann müssen Sie einen Zwischenspurt einlegen und die Prioritäten ändern.

Was sollte ich zum Schluss kontrollieren?

Vergleichen Sie mit den Richtlinien: Wie viele Exemplare Ihrer Arbeit sind in welcher Form bis wann an welche Adresse zu senden? Sind der Name und die Adresse auf dem Umschlag korrekt geschrieben? Überprüfen Sie, ob der Briefumschlag richtig frankiert ist. Wenn Sie sichergehen möchten, erkundigen Sie sich, ob die Arbeit gut angekommen ist. Überbringen Sie die Arbeit persönlich, legen Sie diese ins richtige Fach.

Soll ich die Arbeit vor dem Abgabetermin einsenden?

Sie haben ein gutes Gefühl und möchten sich entlasten, dann nichts wie los: Senden Sie Ihre Arbeit ein. Schließen Sie damit ab. Denken Sie nicht mehr daran, was Sie alles noch hätten besser machen können.

Bietet die Betreuungsperson an, die letzte Fassung der Arbeit vor dem Abgabetermin durchzulesen und gegebenenfalls Änderungen vorzuschlagen, ergreifen Sie diese Möglichkeit.

Wie kann ich einen Schlussstrich ziehen?

Überlassen Sie nach dem Absenden die Arbeit ihrem Schicksal bzw. der Bewertung. Stellen Sie sich auf eine Periode der Ungewissheit ein, bis das Ergebnis da ist. Gut möglich, dass Sie eine Weile die Orientierung verlieren, aber vermeiden Sie es, in ein Loch zu fallen, wenn der Druck plötzlich weg ist.

Vielleicht schieben Sie den Sturz ins Loch auch heraus, weil Sie zuerst noch etwas feiern und sich freuen, eine große Herausforderung geschafft zu haben. Damit die Erholungsphase die gewünschte Wirkung zeigt, sollten Sie diese bewusst planen und nicht einfach auf sich zukommen lassen.

Wie geht es danach weiter?

Vielleicht haben Sie in den letzten Wochen und Monaten erfahren, dass Ihnen das Schreiben beim Denken hilft. Ist das nicht Grund genug, jetzt immer weiter und vor allem viel zu schreiben? Welche berufliche Laufbahn Sie auch einschlagen, geht das Schreiben leicht von der Hand, verfügen Sie über ein mächtiges Arbeitsinstrument. Aber nur mit regelmäßigem Üben bzw. Schreiben bleiben Sie fit.

7.4 Ergebnis

Am Schluss eines Arbeits- und Lernprozesses zu fragen, ob und wie er Sie zum Ziel geführt hat, nützt Ihnen mit Blick auf weitere Projekte. Außerdem kann so das neu erworbene Wissen besser mit dem bisherigen Wissen verknüpft werden.

Was kann ich aus der Bewertung lernen?

Nehmen Sie nicht nur das Ergebnis bzw. die Bewertung Ihrer Arbeit zur Kenntnis, sondern auch Rückmeldungen und Korrekturvorschläge. Sie wollen bei den folgenden Schreibarbeiten und -aufträgen nicht riskieren, Fehler ein zweites Mal zu begehen oder in ähnliche Schwierigkeiten zu geraten. Noch größer ist der Lerneffekt, wenn Sie das gemeinsam mit anderen Studierenden tun.

Was tun, wenn ich mit der Bewertung nicht einverstanden bin?

Sind Sie mit der Bewertung oder Rückmeldung nicht einverstanden und möchten sich wehren, sollten Sie, wenn möglich, zuerst Kontakt mit der bewertenden Person aufnehmen. Teilen Sie ihr die Einwände mit, möglichst mit Bezug auf konkrete Textstellen. Bleiben Sie sachlich und höflich. Verpacken Sie Ihre Kritik in Fragen. Werden Sie zu einem Gespräch eingeladen, bereiten Sie sich seriös darauf vor.

Soll ich Einspruch einlegen, wenn ja, wie?

Sind Sie mit der Antwort der bewertenden Person und der Bewertung nicht zufrieden, prüfen Sie die Möglichkeit, eine Einsprache einzureichen. Dazu gibt es von Ihrer Hochschule mit großer Wahrscheinlichkeit entsprechende Vorgaben. Halten Sie sich daran, damit Ihre Einsprache nicht aufgrund von Verfahrensmängeln zurückgewiesen wird. Beachten Sie auch, dass Einsprachen meist nur innerhalb bestimmter Fristen möglich sind.

Bevor Sie sich auf ein langwieriges und anstrengendes Verfahren einlassen, sollten Sie Machbarkeit und die Chancen auf Erfolg prüfen. Verfassen Sie Ihre Einsprache erst, wenn Sie die Kritik nüchtern, mit guten Argumenten untermauert und eventuell mit Belegen ergänzt vorbringen können. Schaffen Sie keine neuen Angriffsflächen. Bitten Sie vor dem Absenden der Einsprache eine neutrale, am Projekt nicht beteiligte Person um ein Feedback.

Hauptpunkte

- Schenken Sie der Schlussphase ebenso Beachtung wie den vorangegangenen Etappen des Schreibprozesses. Planen Sie dafür genügend Zeit ein, inklusive Reserve. Passen Sie die Planung laufend den aktuellen Gegebenheiten an.
- Arbeiten Sie mit einer Checkliste, die Sie aufgrund des Schreibauftrags oder der Informationen in den Richtlinien Ihrer Hochschule anfertigen.
- Bleiben Sie in Kontakt mit Ihrer Betreuungsperson. Klären Sie ab, wann der Rollenwechsel von der Beratung zur Bewertung erfolgt.
- Riskieren Sie nicht, am Schluss wegen technischer Probleme aufzulaufen. Machen Sie sich rechtzeitig mit der Textverarbeitung vertraut, halten Sie den Computer (Updates) und den Drucker (Treiber, Toner, Papiervorrat) in Schuss. Machen Sie sich frühzeitig kundig, wo Sie Ihre Arbeit drucken und binden lassen.
- Geraten Sie in Verzug, erstellen Sie ein Notfallkonzept und passen die Prioritäten an. Ist absehbar, dass die Verspätung nicht aufgeholt werden kann, nehmen Sie mit der Hochschule Kontakt auf, ob die Frist verlängert oder die Arbeit verschoben werden kann.
- Sind Sie mit der Bewertung der Arbeit nicht einverstanden, versuchen Sie zuerst mit der bewertenden Person Kontakt aufzunehmen. Begründen Sie Ihre sachlich und höflich vorgetragenen Einwände mit Textstellen. Führt der Austausch nicht zu einem für Sie befriedigenden Ergebnis, prüfen Sie die Machbarkeit eines Einspruchs. Halten Sie sich dabei genau an die Vorgaben Ihrer Hochschule.

Schluss

Der Schreibprozess besteht aus unzähligen Entscheidungen, die Einfluss auf Ihre Arbeitsweise und den Text haben. Diese Entscheidungen haben für Schreibende je nach Erfahrungen und Kompetenzen unterschiedliche Bedeutungen. Deshalb haben wir sie als Checkliste dargestellt, aus der Sie die individuell relevanten Fragen herauspicken können.

Zum Schluss möchten wir zentrale Einsichten und Einstellungen hervorheben, mit denen Sie jede Schreibherausforderung bewältigen können.

- Planung ist keine zeitraubende Schikane. Planung hilft Ihnen, das Beste aus der Zeit zu machen, die Ihnen zur Verfügung steht.
- Treffen Sie bewusste Entscheidungen zu allen Phasen und Aspekten des Schreibprozesses. Überlassen Sie nichts dem Zufall. Damit behalten Sie den Überblick und den Fokus.
- Betrachten Sie Schreiben als Teil *aller* Phasen und Aspekte des Schreibprozesses. Schreiben ist mehr als nur das Entwerfen Ihres Textes. Sie schreiben beim Planen, Lesen, Forschen, Analysieren, Reflektieren. Nutzen Sie dieses Potential als wichtige Hilfe beim Denken.
- Erleben Sie das Schreiben als individuelle, aber nicht als einsame Tätigkeit. Richten Sie Ihre Gedanken an reale oder potentielle Lesende. Tauschen Sie sich mit anderen über den entstehenden Text aus. Sie erfahren auf diese Weise, ob Ihre Gedanken, wie von Ihnen beabsichtigt, verstanden und aufgenommen werden.
- Texte erhalten erst durch wiederholtes und systematisches Überarbeiten eine hohe Qualität. Das ist ein wesentlicher Teil des Schreibprozesses. Nehmen Sie sich dafür genügend Zeit und verlieren Sie dabei nicht die Geduld.

- Halten Sie sich an Vorgaben. Wenn Sie Entscheidungen selbst treffen müssen, orientieren Sie sich an Fachkonventionen.

Haben Sie den Schreibprozess einmal bewusst durchlaufen, wissen Sie, wann und in welchen Phasen Sie herausgefordert werden könnten. Sie wissen besser Bescheid über Ihre Arbeitsweise und die Tücken des Schreibens und können den Prozess entsprechend für das nächste Schreibprojekt anpassen.

Literatur

Birkenbihl, Vera F. (2015): Das innere Archiv. München: mvg Verlag.

Bruffee, Kenneth Allen (1999): Collaborative Learning. Higher Education, Interdependence, and the Authority of Knowledge. Baltimore, Maryland: Johns Hopkins University Press.

Elbow, Peter und Pat Belanoff (2003). Being a writer: A community of writers revisited. Columbus: McGraw-Hill.

Esselborn-Krumbiegel, Helga (2010): Richtig wissenschaftlich schreiben. Wissenschaftssprache in Regeln und Übungen. Paderborn: Ferdinand Schöningh.

Esselborn-Krumbiegel, Helga (2014): Von der Idee zum Text. Eine Anleitung zum wissenschaftlichen Schreiben. Paderborn: Ferdinand Schöningh.

Esselborn-Krumbiegel, Helga (2015): Tipps und Tricks bei Schreibblockaden. Paderborn: Ferdinand Schöningh.

Grieshammer, Ella, Franziska Liebetanz, Nora Peters und Jana Zegenhagen (2013): Zukunftsmodell Schreibberatung. Eine Anleitung zur Begleitung von Schreibenden im Studium. Baltmannsweiler: Schneider Verlag Hohengehren.

Hattie, John und Mark Gan (2011): Instruction Based on Feedback. In: Patricia A. Alexander und Richard E. Mayer (Hrsg.): Handbook of Research on Learning and Instruction. New York: Routledge.

Honegger, Monique (2008): Zeigeblockade: Das Zeigen unbeendeter Texte und die Selbststeuerung des Schreibprozesses im Studium. *Zeitschrift Schreiben* (https://zeitschrift-schreiben.eu/de/jahr/#2008, Abruf: 14.07.2017).

Klein, Andrea (2017): Wissenschaftliche Arbeiten schreiben. Praktischer Leitfaden mit über 100 Software-Tipps. Frechen: mitp Verlags GmbH & Co. KG.

Kruse, Otto (2007): Keine Angst vor dem leeren Blatt. Ohne Schreibblockaden durchs Studium. Frankfurt a. M.: Campus Verlag.

Kruse, Otto (2015): Lesen und Schreiben. Der richtige Umgang mit Texten im Studium. Konstanz: UVK Verlagsgesellschaft mbH.

Lundstrom, Kristi und Wendy Baker (2009): To Give is Better than to Receive: The Benefits of Peer Review to the Reviewer's Own Writing. *Journal of Second Language Writing* 18 (1), S. 30–43.

Macgilchrist, Felicitas (2014): Academic Writing. Paderborn: Ferdinand Schöningh.

Moll, Melanie und Winfried Thielmann (2017): Wissenschaftliches Deutsch. Konstanz: UVK Verlagsgesellschaft mbH.

Müller, Ragnar, Jürgen Plieninger und Christian Rapp (2013): Recherche 2.0: Finden und Weiterverarbeiten in Studium und Beruf. Wiesbaden: Springer.

Murray, Donald M. (2004): The Craft of Revision. Boston: Thomson Wadsworth.

Ruhmann, Gabriela (1999): Werkstätten zum wissenschaftlichen Schreiben leiten. Handreichungen für Beraterinnen, Lehrende, Tutorinnen und Tutoren. Unveröffentlichter, in Teilen publizierter Reader. Ruhr-Universität, Bochum. Schreibzentrum.

Schäfer, Ansgar (2015): Was kann Plagiatserkennungs-Software? Projekt Plagiatsprävention – Folge 2. *Bibliothek aktuell* 99, S. 19–21.

Scheuermann, Ulrike (2016): Schreibdenken. Schreiben als Denk- und Lernwerkzeug nutzen und vermitteln. Opladen/Toronto: Verlag Barbara Budrich.

Schneider, Wolf (2011): Deutsch für Kenner. Die neue Stilkunde. München/Zürich: Piper.

Steinhoff, Torsten (2007): Zum ich-Gebrauch in Wissenschaftstexten. *Zeitschrift für germanistische Linguistik* 35 (1-2), S. 1–26.

Swales, John M. und Christine B. Feak (2009): Abstracts and the Writing of Abstracts. Ann Arbor: The University of Michigan Press.

van Steendam, Elke, Gert Rijlaarsdam, Lies Sercu und Huub Van den Bergh (2010): The Effect of Instruction Type and Dyadic or Individual Emulation on the Quality of Higher-Order Peer Feedback in EFL. *Learning and Instruction* 20 (4), S. 316–327.

von Werder, Lutz (2002): Brainwriting & Co. Die 11 effektivsten Methoden des kreativen Schreibens für die Schule und das Studium. Milow: Schibri-Verlag.

Wymann, Christian (2015): Der Schreibzeitplan. Zeitmanagement für Schreibende. Opladen/Toronto: Verlag Barbara Budrich.

Wymann, Christian (2016): Schreibmythen entzaubern. Ungehindert schreiben in der Wissenschaft. Opladen/Toronto: Verlag Barbara Budrich.